設計師的美學流浪

巡遊亞歐50座城市的五感美學

楊天豪－著

晨星出版

CH03

忘情城市建築地標 94

CH04

博物館這樣更好看

CH05

老城區印象

CH06

旅途中啟發我的故事 260

【推薦序】

以獨特視角，深度周遊亞歐50座城市

成功大學藝術研究所教授兼所長　朱芳慧

本書作者楊天豪是成功大學建築所的高材生，指導教授是本校建築系先進林憲德老師。所謂名師出高徒，足以論之。天豪這本新著《設計師的美學流浪：巡遊亞歐50座城市的五感美學》是繼《設計師之眼：設計師背包客隨拍隨畫100分的歐亞永續設計》、《設計師的綠色流浪：巡遊亞歐10國的永續設計》的第三本專書。今年剛從成大建築所畢業的他，由此已看出他的建築背景及實力。

我和天豪認識於二〇一五年九月他到成大藝術所工作。謙遜的親和力以及敏銳的觀察力是天豪獨特的人格特質。自從他成為我們藝術所的工作夥伴，無論本所在推動師生策展或是專題講座、招生海報設計等等，他的專業與熱忱，有目共睹。天豪希望我以藝術的觀點出發，為他寫序，身為藝術所所長的我，感到特別的榮幸。因此，我節錄他的作品中十段文章，與各位讀者分享。

水岸城市，在陸地與水域的關係上，可以有更廣泛的連結，創造更多的可能性。人和水之間的接觸經驗，本來在空間運用上，就不該只有一種方式。留下一點綠地作為喘息空間，就更有機會停下腳步，思考出更好的路。

——〈荷蘭．阿姆斯特丹的水岸住宅社區思維〉，頁一六一路沿著運河水岸的觀察，感受到的不只是設計巧思，更多的體會是人們如何設計互動，在身心靈的滋潤間，薰陶出我們所熟知的北歐生活態度。哥本哈根的空間故事，值得慢慢品嘗、細細發現！

——〈丹麥．哥本哈根運河〉，頁三十

磚紅，在雨水拍打下，更加深沉；葉綠，在雨水滋潤下，更顯青翠；天灰，在雨水紛飛下，更為迷濛。運河邊，停船成排，點綴的植栽，看得出老船長的浪漫。老磚房依舊佇立，高聳尖塔仍然居高臨下，百年來的一切變化，盡收眼底。在鋼骨鐵橋弧線的包覆下，更顯得老木橋因歲月而斑駁。

——〈英國．曼徹斯特老運河〉，頁五二

夕陽西下，艾菲爾鐵塔更加風情萬種，綻放耀眼燈光。周邊抬頭仰望的眾人，眼神間無不流露出一股幸福，嘴裡無不發出一聲驚嘆。我也抬著頭，凝望它的曲線，用筆畫下一切，這是我離艾菲爾鐵塔最近的距離。

——〈法國．巴黎艾菲爾鐵塔〉，頁一三七

轉過身，再一次在牆角上看著科比意著名的人體比例維度圖形，重新思考一遍整棟大樓觀察下來的人體尺度關係。

——〈法國．馬賽公寓〉，頁一四四

探索廊香教堂的這一天，……每一種天氣，產生不一樣強度的光影效果，都是一堂不同感受的課程。廊香教堂，曾經只是一座看到照片，就一定叫得出名字的建築物。如今，透過接觸、撫摸、觀察、描繪，它也終於成為滋養我設計生命中的重要養分。我來、我看、我感受。我歸、我憶、我回首。

——〈法國・廊香教堂〉，頁一五二

現在大家都是在用電腦做設計，呈現出來的複雜曲線效果，絕對不是傳統平行尺或三角板所能比擬，但是這段體驗過程，卻讓我回想起一開始單純拿著筆，趴在圖桌前製圖的那份純真，還有不小心畫錯而懊惱的種種畫面。……但是，屬於一份單純的設計「初心」，的確充滿腦海。……回想自己的「初心」，多麼珍貴。

——〈義大利・威尼斯藝術學院〉，頁一五八

記不得是第幾個日暮低垂的黃昏，我依舊每天陶醉著欣賞羅浮宮玻璃金字塔與斜陽，坐在一旁啃法國麵包，等待華燈初上，那是一段雋永且珍惜的巴黎記憶。「在巴黎，我不在博物館，就在前往博物館的路上。」這句話，從此我有自己的詮釋。

——〈法國・巴黎博物館PASS〉，頁二一三

我自己認為，欣賞橘園美術館最好的天氣型態是「晴時多雲」。因為，晴天只有強烈日光，陰天的光線太過單調柔和，晴時多雲的天光則是瞬息萬變。像是一雙巧手，會在光線強烈時，推你入水；會在光線柔和時，拉你上岸。

——〈法國・巴黎橘園美術館〉，頁二一五

此番淺嚐，讓我有機會感受法國昔日宮廷驕傲其來有自，也得以親身體驗皇宮與花園的尺度，背後所蘊涵的秩序與美感。若要我用一句話來形容凡爾賽宮，我會說：「它是一瓶陳年美酒，不須一飲而盡，卻可隨時淺嚐，用生命中的不同歷練，感受它每一刻不同芬芳。」

——〈法國・凡爾賽宮〉，頁二二一

以上作者透過真實的記錄、專業的探索、心靈的分享，以及獨特的視角，更擺脫了學術的刻板枷鎖，呈現出圖文並茂的豐富內容及想像空間。作者不但提供了豐富的圖片、精準的攝影鏡頭，以及專業的繪圖速寫，同時在他知性、感性的文字流動下，引領讀者細細品味，深度地周遊亞歐洲諸國名勝。

最後，再次讚許與推薦這本《設計師的美學流浪：巡遊亞歐50座城市的五感美學》。

序於戲劇研究室二〇一六年九月七日

【序章】
從無感記憶昇華至五感記憶

曾經我背起背包，隻身走訪世界各國，是因為我希望在永續環境議題上，從一個景觀建築師的角度出發，從我們這個世代的觀點切入，尋找世界各國中，值得台灣借鏡和學習的目標。

伴隨著《設計師之眼》、《設計師的綠色流浪》這兩本著作陸續問世，我開始在上百場與各年齡層族群對話的演講中，分享我對於永續設計的看法。隨著不同聽眾與讀者給我的回饋，我也不斷地修正與反思：若是台灣真的欲朝向永續環境發展，那目前我們最缺乏的要素又是什麼？追根究柢，我認為不是技術，而是全體台灣人的「美感」。

美感這件事情，影響著我們每一個人的生活態度。一個國家或文化，如果認為美感是重要的，那麼在生活中的大小環節上，都會相對講究；同樣的態度反映在產業、生活環境上，也會因為重視美感而願意從長計議，不會短視近利，也不會得過且過。而那些因為美感素養而延伸出來的精神或行為，都是一個社會在朝向永續發展的過程中，所必須具備的。這也是我認為台灣可以更加努力的部分。

談美的人太多了，只要願意走一趟書店或圖書館，各類型與美感有關的書籍都可以自由翻閱。但是，那些夾雜著道理在談論美感的書籍，對於一般大眾來說，始終覺得有段距離，曲高和寡。並非那些書不好，只是在我們的生長過程中，或是整體社會氛圍的影響，甚至是科技產品的推波助瀾下，我們大多數人已經逐漸喪失，甚至放棄了觀察身邊美好事物的能力。因此，我寫這本書，就是希望從觀察著手，讓大家試圖從旅行輕鬆的視角中，用不同的感官逐一來經驗身邊的美好事物，重新找回培養美感的觀察力。

大多數人或許都有類似的經驗，明明出去玩了一趟，可是當回來想要跟親友分享細節時，才發現這兒記不清楚，那兒想不起來，好像每天的行程都已經混雜在一起，唯一的回憶就是無數張千篇一律的照片與一大堆紀念品。那樣的旅行，彷彿只有你的人到了一處不同的空間，可是感官卻沒有跟著打開，最後只剩下「無感記憶」。

想要培養美感，最重要、也最簡單的事情就是是訓練觀察力。當我們在經歷一件事情時，若是能不只透過視覺，同時也能加上嗅覺、味覺、聽覺、觸覺、內心感動等其他感官的輔助，那麼，或許記憶的層次就能提升到「五感記憶」，對於身邊美的事物也會更加敏銳，那麼要談如何培養美感，也就相對容易了。

在這本書裡，我精選了旅途中五十座亞歐的特色城市，分門別類，透過「五感記憶」的描述，搭配手繪稿與照片，讓讀者可以更加身歷其境地認識不同城市的特色與美學。除了感受不同國家、不同文化的美，也能同時想一想，如何讓我們生活的環境，能因為有你，而變得更美麗。

01

發現 城市水岸魅力

2014.05.23
哥本哈根

荷蘭・阿姆斯特丹的水岸住宅社區思維

GPS: 52.373434, 4.948621

與船相伴的水岸即景。

城市水岸的開發、改造或重生，始終都是城市發展的魅力所在。向來與海爭地，對土地管理有一套方法的荷蘭，面對水岸住宅社區的設計，又是什麼樣的態度？讓我們看看，阿姆斯特丹的**KNSM-eiland**，是如何從一處閒置碼頭，成功改建成迷人的水岸住宅社區。

水岸第一排只能蓋豪宅嗎？這個問題要是在台灣，答案毋庸置疑。但是歐洲國家總是在政策制定和執行上，帶有濃厚的社會主義色彩。在**KNSM-eiland**，改造計畫所呈現出來的住宅樣貌相當多元，有集合住宅大樓、獨棟成排社區，或是臨運河畔造型搶眼的樓房。無論樣式為何，在滿足居住需求與設計美學的前提下，看不到浮誇炫耀的材料；相對地，使用的是類似丁掛磚、火頭磚、木作、金屬鋼板等平易近人材料的搭配。建築物的立面沒有因為少用石材而顯得不高級，反而透過材料搭配的靈活選擇，呈現出活潑感。

建築物的開放空間，除了臨水岸的硬鋪面，其餘空間保留純粹綠意，讓家家戶戶享有大片綠地，享受戶外活動。看著陽光普照的草地，有家庭在戶外烤肉，有孩童在踢足球，有老人家在太陽下閱讀，一切活動發生得如此自然。不得不佩服這個計畫在都市設計層次上，就已事先思考到未來的活動型態，預留足夠的綠

水岸邊的紅色弧線。

水岸與綠地的交會。

地開放空間。表面看起來，這片綠地空間沒有設計，但是體驗之後才能明白，拿掉多餘的設計，才能更純粹地讓所有可能性發生。

每一個城市的改造計畫，成功與否的關鍵，都在於能否表現出城市的特質。KNSM-eiland計畫的改造中，有一點非常吸引人：只要你願意，家家戶戶都能找到停泊小船的地方。無論是在港灣中間水域、居家臨水岸後陽台，或是刻意創造的小運河空間。這些地方讓水和社區有了持續互動的機會，也讓港灣社區有了自成一格的樣貌。假日午後，看著好幾對父子檔走出家門，慢條斯理地整理好他們家的船，朝著紅色拱橋呼嘯而去，徜徉一望無際的海洋。看似一氣呵成的畫面，不正是屬於水岸城市最寫意的生活寫照嗎？

體驗過後才終於明白，為什麼二〇〇七年高雄港第一到二十二號碼頭的競圖改造計畫，會由荷蘭人拿下競圖首獎。經過實際走訪，我更加明白得獎作品概念圖所呈現的空間容積移轉，以及創造開放空間的對應關係。不得不說，向來與海爭地的荷蘭人，對於創造陸地與水域和平共處的條件，有一套自己的哲學。

水岸城市，在陸地與水域的關係上，可以有更廣泛的連結，創造更多可能性。人和水之間的接觸經驗，本來在空間運用上，就不該只有一種方式。留下一點綠地作為喘息空間，就更有機會停下腳步，思考出更好的路。

跨越河道的鋼構波紋小橋。

河道才是主要的交通要道

丹麥・哥本哈根
厄勒斯德城

GPS: 55.662666, 12.588917

河道泡腳木平台。

二〇一四的哥本哈根（Copenhagen），整個城市像座大工地，不同種類的工程，如火如荼地進行著。對一個已開發國家來說，此刻的哥本哈根彷彿仍然是個精力充沛的孩子，奮力向前衝。尤其是城市未來的指標性開發厄勒斯德城（Ørestad city）。

厄勒斯德城，位在市區東南方近郊，緊鄰國際機場。會有這個新市鎮開發計畫，是因為連接丹麥與瑞典的跨海大橋通車後，預計會增加很多就業機會。所以丹麥政府結合許多創新概念，將學校、住宅、生態公園、媒體中心、歌劇院等項目妥善安排，打造這座充滿未來感的新市鎮。

對於熱愛投身自然懷抱的北歐人來說，開發計畫將土地用到滿不是最好的選項。因此，厄勒斯德城的計畫範圍，半數以上都與既有綠地系統連結；新增加的運河，則採用大幅度的彎曲，串聯新的住宅區。

綠地與住宅之間，在平面圖上看起來有呼應關係，但是實際空間中又是各自獨立的區塊。這樣的做法，讓屬於自然生態的公園，盡量減少人為干預，讓屬於人造建築的開發區域，增加彼此的連結性。

似乎，不夠有創意、不夠大膽的概念，在這個開發計畫中是不被接受的！每一棟出現在這裡的房子，都個性鮮明，整個區域

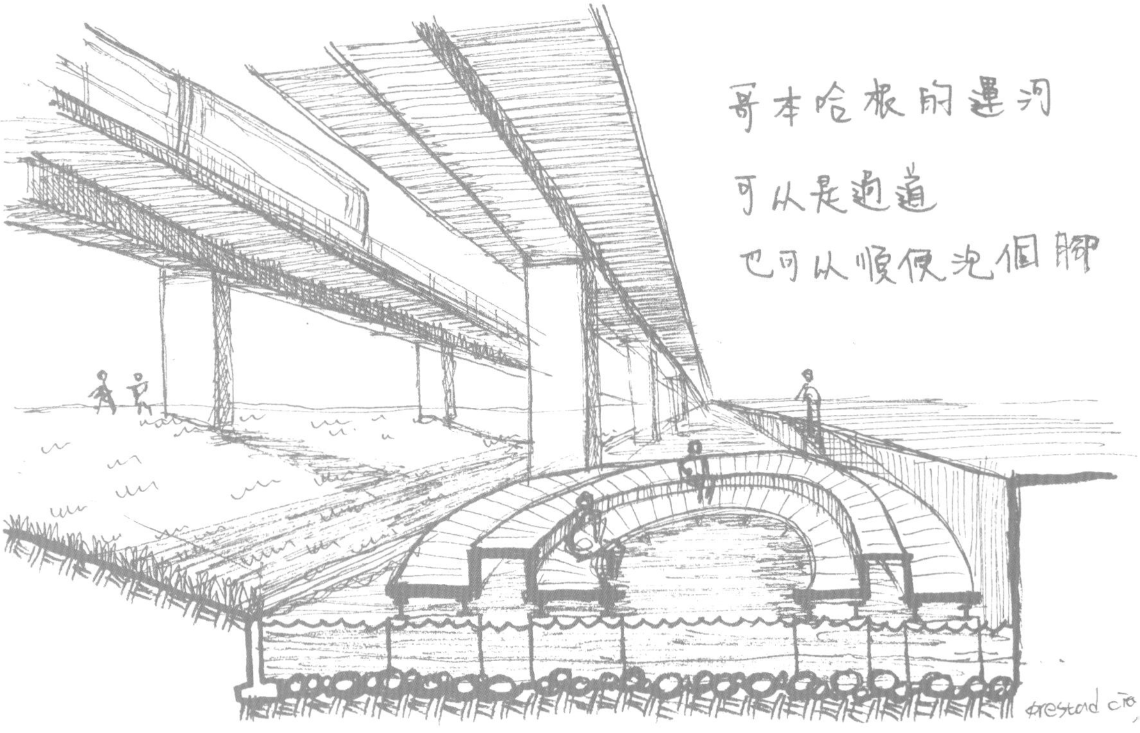

河道泡腳木平台剖面透視圖。

河道穿越的學生宿舍。

韻律輕盈的水岸住宅。

河道旁的圓形學生宿舍。

圓形學生宿舍內側。

像是一場爭奇鬥豔的選美會場。這些建築不會很突兀嗎？假如只有一棟單獨出現，這樣的質疑非常合理；但是假如每一棟建築都不同，那反倒成為這個區域的最大特色。在厄勒斯德城，無論是結構大膽的圓形學生宿舍、像不規則蛋糕的三角形陽台住宅，或是整片玻璃立面加上綠草斜屋頂的住宅社區，無一不是經典！

建築有創意，開放空間的巧思也不遑多讓。其中最讓我印象深刻的，是高架捷運軌道下方運河上，出現一座「泡腳木平台」！創意讓單純的運河過道成為精彩的節點，完全展現北歐人的休閒細胞！透過木平台的圍塑，在河道中間創造出一處寧靜角落，人們可以在此閱讀，也可以雙腳浸泡水中，享受冰涼舒暢。好奇的我，立刻脫掉鞋子，感受水中沁涼！老實說，這不是了不起的大設計，但是光這樣一點小創新，也很難在台灣的開放空間出現。

感受愈深刻，愈是羨慕在這裡長大的孩子。如果從小生長的環境充滿創意、無限可能，又同時兼顧人文發展與自然生態，那麼對他們而言，以後若要思考更多面向的問題時，是不是已經比別人站在更高的立基點上？我心中還沒有答案，但是無庸置疑的，這裡塑造出來的生活環境型態，令人嚮往。

真正感受過哥本哈根對於未來的思考方向與執行力，才再次明白究竟有多少差距！當下，內心的激動與震撼，不小於兩年前在德國漢堡體驗海港新城（Habour city）的心情。

創意之外，回眸便是自然。

豐富立面的水岸住宅。

大草坡斜屋頂的集合住宅。

三角形陽台的集合住宅。

丹麥‧哥本哈根運河

GPS: 55.668359, 12.571557

SEB大樓外觀。

一條城市動脈，一處停泊港灣，一座冒險舞台，一場知性盛宴。哥本哈根運河畔，有著太多讓人流連忘返的有趣設計。

SEB大樓是近期頻繁出現在設計類新書的亮點。一處位在運河旁的飯店、商辦綜合開發大樓，離我在哥本哈根住宿的地方並不遠。其中最吸睛、最讓人印象深刻的，是將混凝土當成「布」來設計的停車場屋頂花園。

老實說，設計模擬圖上的酷炫轉變成真實，真正親眼所見的第一眼，有些失望。的確，第一眼的視覺衝擊相當震撼，但是白色水泥粉光的坡道和階梯，搭配多處不規則造型的植栽區，讓人從頭走到尾的感覺如出一轍，有種「一眼望穿」的感覺。

不過，空間的設計好壞，不能妄下定論。如果從使用者的角度思考，也許結果完全不同。因為是商辦大樓，所以利用建築物造型創造幾處樓層間的平台，能看到好多人趴著欄杆發呆抽煙，欣賞下方如抽象畫作的立體公園，不失為一種另類的放鬆。

換個角度來看，這裡也是小孩的極限挑戰天堂！當我看見這個空間為孩子們創造的活力，又重新定義了一次SEB大樓景觀空間的生命力。原來這裡所有的坡道、階梯高差、不規則植栽區，都提供孩子們溜滑板的無限挑戰可能。看著小朋友快速衝下坡，一躍而起，騰空飛躍，最後再完美轉身落地，乾淨俐落。瞬間，我

SEB大樓畫作般的景觀空間。

繁複卻精準的石材分割鋪面。

明白這個屋頂花園結合動態時的魅力！

SEB大樓的另一端，是聯合開發的商務飯店。外圍的公共空間，讓人驚嘆北歐人的施工細節！平面圖相當單純，即是鋪面和植栽的區塊分隔，再加上一處兒童遊戲區。但是能將簡單的事情玩到出神入化，就是功力！所有的鋪面都是不規則造型石材的切割，雖然看得出來設計思考邏輯，可是光想到石材分割圖要怎麼畫？現場放樣要多準？施工細節又要如何掌握？光是這三件事情，就是身在台灣的我們，會在實務上直接被挑戰的設計。他們完成了！而且該直的線絕對不會歪，該完美收頭的植栽區鋪

SEB大樓景觀空間的立體變化。

孩子們的冒險挑戰天堂。

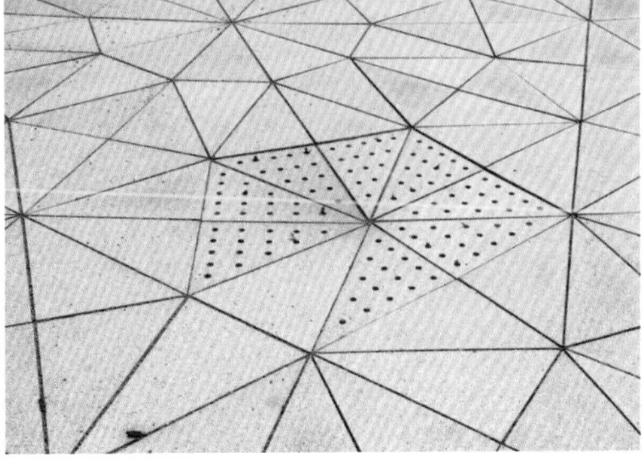

做工精準的造型排水孔。

跳水台上享受夏天的孩童。

Take Q there!

幼兒也能在河畔旁盡情玩耍。

面，絕對是線對線；特別是某些燈具的位置，還必須搭配鋪面分割的對縫問題；更不用說排水孔的石材還要特別訂製。如此複雜的問題他們卻處理得這麼細緻，而我只能盡量地看。但是這樣的設計觀念能帶得回去嗎？心中不禁留下一個超級大問號。

離開SEB大樓，慢慢走向哥本哈根運河，設計的驚嘆再次衝擊！如果說北歐的教育理念是鼓勵孩子們在身心靈各層面都勇於嘗試體驗，那麼可以看見在很多對應的公共設施上，都全力配合，符合這個精神。眼前所見，都是台灣的我們無法完成的，因為光是「太危險」三個字，就已經抹殺一切可能性。

哥本哈根運河深七米，可是水岸邊卻出現著一處完全沒有欄杆、

皇家圖書館水岸旁的閱讀人群。

高低立體交錯的木平台與木棧道。這處平台在好多地方都有與水面相通的爬梯，目的是為了讓從不同高度跳水的人可以就近爬上來。只見無數青少年赤裸著上半身，已經不知道溼透幾回的從更高處一躍而下，享受運河水面的清涼！

另一處給幼兒玩的，是水岸旁的跳跳床棧道。同樣沒有欄杆，直接就設置在人來人往的通道旁。大人在享受夏日陽光，孩童盡情跑跳嬉鬧。我自己也在上面跳了好幾回，透過忽高忽低的角度欣賞水岸旁發生的一切，享受高低起伏間的美麗。

運河邊不只有喧鬧，也同時瀰漫著悠閒與知性的氣息。我在被稱為「黑鑽石」的丹麥皇家圖書館，體驗到「閱讀力」對國家的重要性。星期五下午，圖書館內座無虛席，大家彼此討論，或是安靜閱讀。黑色外觀的新館，延伸舊有圖書館空間，創造空間豐富的變化，以及導入大量自然採光，整座圖書館因光線而充滿活力。看著室內的人認真閱讀，戶外的人晒著太陽悠閒閱讀，不得不佩服丹麥人的「軟實力」，讓他們能夠不斷保持學習熱情，擁有國際競爭力。

接近傍晚，運河旁的新港，擠滿著想要享受假日時光的男女老少，人手一杯啤酒，在石板路上席地而坐，把酒言歡。河面上，觀光船川流不息，載著一批又一批遊客飽覽城市風光。岸邊一艘艘直衝天際的桅桿船，成為岸上五顏六色斜屋頂樓房的前景；歡樂的喧鬧聲、街頭樂團的即興演出，交織出充滿視覺與聽覺的多重饗宴，是讓我流連忘返的北歐時光。

一路沿著運河水岸的觀察，感受到的不只是設計巧思，更多的體會是人們如何與設計互動，在身心靈的滋潤間，薰陶出我們所熟知的北歐生活態度。哥本哈根的空間故事，值得慢慢品嘗、細細發現！

運河畔高低錯落的跳水木棧道。

哥本哈根新港風情畫。

冰島・藍湖溫泉

GPS: 63.880152, -22.449432

藍湖溫泉一景。

這一天，冰島下起傾盆大雨。古人趁著大雪紛飛之際，跑去湖心亭看雪，此刻趁著大雨滂沱之時，我跑去藍湖溫泉（Blue Lagoon）泡湯，想必會有不一樣的心境！

大雨向下瘋狂拍打，蒸氣向上無限蒸騰。迷濛之間，淡藍色的溫泉湖水閃閃發亮；周遭的山即使再黑，也依然被蒸氣渲染成層次鮮明的活山水。

將身體浸在水中，緩步行走在自然凹凸的不規則地形之間，與周遭景色融為一體。胸口下是一片溫暖，胸口上卻是一股寒冷。同樣是水，下方的溫泉水給人安全感，上方不斷拍打的雨水卻讓人卻步；彷彿像是北風與太陽的比賽，冷熱之間進行著無數次攻防，難分難解。此刻，用盡全身感官體驗著冰與火，既衝突又協調。地球上怎麼會有一個這樣的地方？置身五里霧中，既摸不著，更猜不透！

朦朧美，是最能形容藍色溫泉的寫照。迷霧之間的蒸氣，讓人霧裡看「山」。手只要放在淡藍色溫泉的水面下十公分，就會完全伸手不見五指。用一旁天然的淡藍色火山泥，塗滿臉龐和手臂，讓這一切更加看不清。此刻，只剩下「感覺」是清晰的，放下一切，用心領略「冰火」。

在這樣國際級的知名景點，自然各國人種都有，但唯獨大陸

藍湖溫泉的湖畔蒸騰。

藍湖溫泉一景。

觀光客愛大聲嚷嚷，不能靜靜感受。忽然間，從夢幻回到了現實。多麼希望嘈雜的吆喝聲，也能像是霧氣迷濛一般被淡化，但終究「人才是破壞美景的殺手」，於是我離開了藍湖溫泉。

除了藍湖溫泉的自然美景極具吸引力，貼心且細微的設計巧思，也非常值得留心觀察。

作為冰島最為著名的國際觀光景點，我在親身體驗過所有軟硬體設施後，不得不豎起大拇指。從下車後，順著火山岩峭壁蜿蜒而進，經過一個轉折，與周遭景致協調的溫泉會館入口映入眼簾；光是走這一段路徑，就足以讓人心和自然

藍湖溫泉一景。

與周遭景致融為一體的會館景色。

融為一體。

溫泉會館內的消費全部用扣環感應，雖然這已經是很普遍的消費模式，但是，對於最後要離開的回收方式，再次體驗到北歐的直覺性設計。出口感應器在感應後，會像光碟機一樣，伸出一個平台，得放入感應扣環，機器回收後才能推動旋轉門（類似捷運單程票的投幣回收概念）。這樣的設計既美觀又節省人力，還科技感十足，而且保證客人不會誤帶走扣環。

沉浸在冰與火之間的特殊體驗，如夢似幻的藍湖溫泉依舊讓人無限回味。唯一美中不足的喧囂，忘了就好！

與周遭景致融為一體的會館大門。

溫泉會館的裝飾。

英國・倫敦老運河水岸社區

GPS: 51.518563, -0.173193

保留歷史風貌的河段。

英國倫敦的帕丁頓水岸（Paddington Waterside），瀰漫著屬於倫敦的運河風情。運河兩旁既有商辦大樓與高級住宅群，也有屬於一般大眾的休閒空間，更有流經住家小巷的寧靜。

尋訪此區的主要原因，是為了一座捲曲步行橋（Rolling bridge）而慕名前來。這已經出現在無數設計雜誌上的精采作品，是英國建築師湯瑪士．荷斯維克（Thomas Heatherwick）的創意作品之一。懷抱著滿心期待，想要一窺這座橋的廬山真面目，待真正親眼所見，心中的想法卻有些許複雜。

我無緣親眼目睹橋體捲曲升起，但是卻發現，其實在此處的運河畔，並不需要一座可以打開升起的橋，因為此處水道並不是船隻航行的主要動線。很顯然的，捲曲另有目的，而這也是我心中複雜的原因。

「解決問題」有時候並不是設計唯一的目的。在台灣，似乎沒得選擇是否「做」與「不做」，這座連結河道的捲曲橋若是出現在台灣，我們怎麼可能花了大錢去做這種「傻事」！讓跨越河岸的簡單小事，用那麼大費周章的方式解決？但是如果能把格局放大一點來看，當一座橋的設計不再只是單純的連結，而是為城市創造一個話題，讓設計者的某些思想可以獲得尊重並得到實踐的機會，是不是問題的思考又可以達到不同的境界？湯瑪士．荷

慕名而來的捲曲橋。

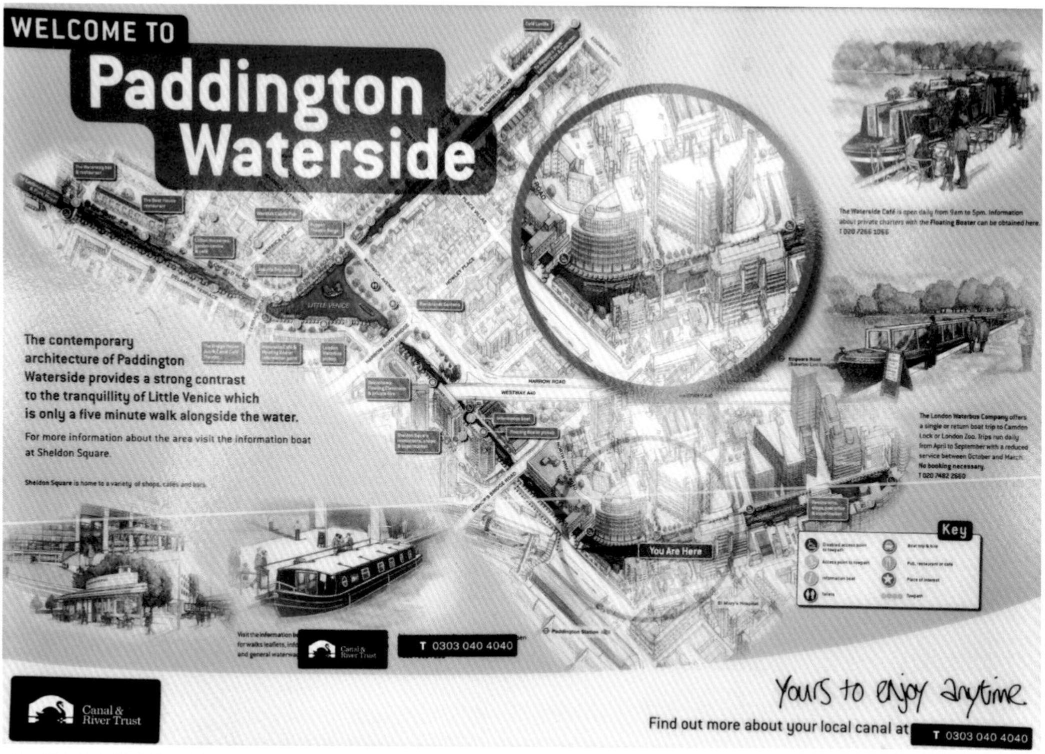

帕丁頓水岸空間改造示意圖。

斯維克似乎有用不完的創意，一次又一次的為倫敦、為英國創造驚奇。要是這座橋的尺度再大一些，那麼實驗的風險就大大增加，但就是因為長短適中，業主似乎也想創造出話題，才讓這樣的創意一拍即合，具體實現。

從一座橋，看見倫敦接受新事物的嘗試精神，不親自走一遭，想必永遠無法從雜誌或網路照片上體會這件事。

如果把視野放大到都市尺度來看，其實整個帕丁頓地區，是倫敦其中一個公共空間經過都市更新改造後的好案例。

水岸邊，還留有幾處舊磚牆的倉庫空間，保有改建之前的歷史風貌。在過去，運河代表著活絡經濟的命脈，周邊的舊廠房自然會成為細數過往繁華的見證。如今，帕丁頓水岸的改造，以河道為軸心，既保留部分歷史風貌，又打造全新商辦空間，更透過與軌道交通銜接，創造便利與悠閒兼具的都會水岸空間。

捲曲橋所在的區域商業氣息濃厚，水岸空間俐落簡潔，搭配運河上色彩鮮明的船隻，是一處新中有舊

橫跨運河的簡潔造型徒步橋。

新中有舊的商辦區河段。

捲曲橋旁的水岸風貌。

在青綠藻河道劃過水痕的行船。

保留歷史風貌的河段。

順勢狹窄的住宅區河段。

綠意寧靜河段。

的城市風景。火車站旁的運河水岸，多了一些行船商家，在一旁購物中心與戶外廣場的陪襯下，成了水岸邊最活潑熱鬧的區段。運河的寬度，隨著流經西北方向的住宅區逐漸狹窄，在綠樹與水上咖啡船家所構成的風景間，多了幾分綠意，也增添幾分愜意。不同的河段，在短短幾百公尺，從喧鬧轉而寧靜、從人工轉向自然，為整個帕丁頓區域帶來風情萬種的水岸風情。

雖然，有些河段的水面上布滿綠藻，但是不知為何，不感覺髒，反而是另一種特色。當船隻經過這片青綠藻區，劃出一條清楚船痕，一個屬於倫敦運河的特殊畫面，就此成形。

商業氣息濃厚的倫敦，與我見過的英國其他城市相比，連運河水面上的商家都顯得更加豐富多元。有特殊造型的水上熱狗店，有文藝氣息濃郁的水上書店，也有與河岸邊空間連成一氣的水上咖啡廳。這些水上商家的營業位置，都需要和倫敦政府申請，所以要讓倫敦運河的水岸邊呈現什麼樣的商業風貌，政府有主導性，可以刻意經營打造。換角度來說，正是因為都市更新的計畫夠全面，執行夠到位，才能明確掌握不同的空間氛圍，因此在導入商業活動的同時，可以更有效突顯不同水岸的特色，提供獨樹一幟的水岸風貌。

除此之外，運河上的船隻大部分都有裝設太陽能板，水岸邊

運河畔的行船充電站。

的特定區域也有充電裝置，可以為船隻充電。在這些看似古樸懷舊的船隻造型背後，其實還是有一點一滴在與時俱進，呼應替代能源的推廣趨勢。

造訪倫敦的運河，已經是在繞了英國一圈之後。在經過不同城市的體驗與比較，某些感觸或細節也更能掌握。這段河岸沿線的空間氛圍，是造訪所有英國的案例中，特別流連忘返的空間之一。

架設太陽能板的行船。

綠意寧靜河段。

水岸行船書店。

英國・伯明罕城市運河

GPS: 52.477194, -1.909876

保有工業革命餘韻的運河風情。

伯明罕（Birmingham），英國第二大都會區。走出車站，街上行人的感覺、城市風格，不那麼拘謹，少了一份典型的英國味，反倒有著極高比例的印度裔面孔，呈現出非典型的「英國風」。

工業城市的發展，運河是不可或缺的重要建設，伯明罕有一條號稱比威尼斯更長的運河，擔任工業革命的貨物運輸要務。即便曾經風華絕代、車水馬龍，也終究抵不過時代洪流。當年轟隆作響的廠房，如今只剩下凋零紅磚牆讓人憑弔；當年生氣勃勃的煙囪，如今只剩下孤單身影昂然挺立。不過，隨著失落後的再次轉型，水岸邊大幅度的都市更新，讓老運河煥然一新，一區又一區的臨水岸住宅區，讓過去貨運為主的運河，轉型成一條充滿活力的觀光運河。

運河的表情，伴隨著城市風格而風情萬種；水面上的風景，更順勢「演化」出城市的鮮明記憶。比如說，荷蘭阿姆斯特丹的運河因為轉彎特別多，所以船身短小，方便轉彎。相較之下，伯明罕的運河雖長，卻沒有複雜的支流水路，河道幾乎是一條瘦長直線，所以這裡的船也像運河一樣，寬度狹窄，但是超乎想像的長，加上不時要穿越橫跨運河水道上方的隧道，因此船身格外低矮。偶爾，與船身在狹小的水道相逢，便能切身體會不尋常的比

狹長的運河水道。

伯明罕運河速寫。

伯明罕運河即景。

例感，也是漫步在伯明罕運河間有趣感受。

伯明罕老運河，讓整座城市的開放空間，得以如此立體化的穿梭串聯。可以貼著水岸邊的步道前進，享受與水同一個平面的親近；或是稍微遠離，找個半層樓高的平台區，微彎傾身，趴在紅磚牆上，拉高視野飽覽運河風光。一旁的餐廳、戶外咖啡座，搭配著行進間擦身而過的公共藝術品，輕鬆的步調反而無意間成為運河畔的主旋律。

可以喧鬧，也能夠寧靜，走出核心區河段，高級水岸住宅社區不爭奇鬥豔，反倒和諧的比鄰而居，藉由運河中的倒影，相互輝映。而那些停泊在水岸邊的水上船家，看似和諧，卻從視覺上劃破寧靜，帶來亮點。各有特色的零售船家，穿插在寧靜水岸住宅區之中，形成一條特色商店街。不顯得突兀，反而讓人放慢腳步，感受運河風情的另一番滋味。

欣賞運河的高角度。

水岸住宅的倒影輝映。

運河畔的爬蟲型設計。

運河畔的水上商家。

欣賞運河的美，急不得！即便同樣的空間，也會因時間不同而氛圍各異。不疾不徐，挑了個平日下班時間的傍晚，觀光客喧囂少了些，放鬆的步調多了些。傳統英格蘭紅磚、維多利亞式白色開窗、厚重黑色金屬大門、高低錯落的煙囪，順著運河不規則向前，消失在遠方的隧道間。即便船隻少許，但狹窄河道仍能感受到運河脈動。視線所及，又一艘長條木船，碰撞河邊石岸前行；轉眼船過，水無痕，再次無波如鏡。我靜待下一艘行船，再次經過河道碰撞洗禮，緩緩向遠方隧道前進。

即便市區各地順應著都會發展而變動快速，但是伯明罕運河仍然保有個性，在空間上保存了氣氛的時間差。運河畔懷有的工業革命餘韻，讓伯明罕的城市市民，得以輕易從繁忙現代步調中抽離，回到過往的空間中喘息，並稍加整理思緒，對未來做出更精準的判斷與決定。

英國・曼徹斯特老運河

GPS: 53.474168, -2.255674

河畔船家的悠閒情懷。

開始在曼徹斯特（Manchester）旅行之前，特地先欣賞了洛瑞（Lowry）的畫展。他的作品專門描繪工業革命時期的城市風貌，記錄許多過去曼徹斯特的街景與人物表情。

或許是透過洛瑞的眼睛和心靈，我更懂得用何種角度欣賞曼徹斯特；也或許是細雨紛飛，略顯迷濛，漫步在今天的曼徹斯特，別有一番風情。

河流永遠是城市文化的發源地，從伯明罕開始我便發現，要在英格蘭中北部旅行，一定要多花時間觀察運河。過去以工業發展為主體的城市，自然可以從運河看見一個半世紀以來，工業革命所流經的歲月和痕跡。

曼徹斯特的運河，已不再是繁忙的貨運水道，但它依舊在巨大鐵橋下靜靜細流。在市區大刀闊斧進行都市更新的各項計畫時，這一塊被稱為城堡場域（Castlefield）的歷史區塊，在保留工業遺跡與改建成新住宅區之間，試圖取得平衡。

磚紅，在雨水拍打下，更加深沉；葉綠，在雨水滋潤下，更顯青翠；天灰，在雨水紛飛下，更為迷濛。運河邊，停船成排，點綴的植栽，看得出老船長的浪漫。老磚房依舊佇立，高聳尖塔仍然居高臨下，百年來的一切變化，盡收眼底。在鋼骨鐵橋弧線的包覆下，更顯得老木橋因歲月而斑駁。涼風吹拂下的雨水，掀河畔尖塔見證百年風華。

跨越運河的優美弧線。

運河鐵橋的線條重複美感。

大橋下的拱門別有洞天。

起河面上數不清的漣漪。唯一的輕鬆自在，是仍然悠遊的天鵝和水鴨。

藏身在此處的好幾間餐廳，都是過去運河旁的船塢或是老廠房改建。一間酒吧，更藏身在頭頂大鐵橋的紅磚拱門下，酒吧裡面播放著重金屬音樂，與上方不時轟隆巨響通過的火車，成了聽覺上的奇妙搭配。

或許這是一種屬於曼徹斯特的都市更新，在盡量保留工業遺跡的原則下，讓新舊元素再次融合，創造出城市的新亮點與新文化。

老實說，曼徹斯特的市區，讓我有些許失望。不過，把握著雨中時光，很慶幸在離開曼徹斯特之前，找到對的頻率，欣賞曼徹斯特的美。

從極度失望，直到離開前的心滿意足，無憾。

橋梁展現工業城市的力與美。

曼徹斯特運河的工業版畫風速寫。

法國・巴黎塞納河的河岸綠意

GPS: 48.857332, 2.346076

全球爭相仿效的河畔人工沙灘。

巴黎的塞納河（Seine），河岸周邊的設計非常精彩。這讓塞納河不只遠看很美，近距離接觸也充滿多變風情。

塞納河右岸，最著名的設施就是人工沙灘。這個行之有年的創意，已經是巴黎夏日生活不可或缺的一部分，早已被世界各大城市爭相仿效。巴黎作為創始城市，自然必須精益求精，從藝術橋（Passerelle des Arts）開始，一直綿延到西提島（Île de la Cité）附近，可以看到沙灘結合河畔吧台，搭配搶眼飄逸的白色陽傘，並結合人造噴霧的造景設計。白天，呈現晒太陽閱讀的悠閒氣息；夜晚，呈現喝啤酒狂歡的熱鬧氣氛。誰是遊客？誰是巴黎市民？在這裡沒有距離，因為人人只要脫掉鞋子，都可以全身賴在躺椅上，享受日光，從腰間的高度斜看塞納河畔的遊船與美景。

塞納河左岸的河畔腹地，比右岸明顯大出許多，這裡所能打造的休閒空間，更是充滿創意，藝術感與美學兼具。

左岸河畔的座椅，利用大塊長條木頭，靈活搭配變化出五花八門的樣式，讓人可以盡情地以各種角度欣賞塞納河。這些木頭座椅，在某些區塊還會變成木平台，再結合尺寸型態不同的喬木盆栽與灌木花盆，彼此之間以「折線」的語彙相互搭配，打造出河畔另一種層次的綠意。我喜歡這個區域的設計，因為它極富自由性，靈活度極高。只要願意動腦筋，光是目前所擁有的元素就

河畔人造噴霧。

塞納河風情畫。

足以讓設計師玩得不亦樂乎。

在河岸旁創造綠意與親水空間，對巴黎來說已經顯得不夠用，所以塞納河畔也出現了一個漂浮於水面上的人工平台，讓人可以更親近水。雖然是人工浮台，但是透過水底支柱支撐，其實相當穩固，更藉由與水面之間的高度差，搭配出階梯式花台，讓綠意可以立體化地與水面接觸。人工浮台上的休閒設施可說是包羅萬象，創意無限。法國人總是花了好多腦筋讓自己可以舒舒服服地賴在各種形式的躺椅上，懶洋洋地享受陽光。假如慵懶是一種習性，那麼能將讓人慵懶的設計變得有趣，是我在塞納河畔最大的收穫。

當然，塞納河不是只有美好浪漫的一面。喜歡坐在河邊飲酒閒談的法國人，怎麼可能願意走個大老遠去上廁所呢？就地解決也成了另一個見怪不怪的場景，這也是為何在河邊不時能聞到尿騷味的原因。只不過場景在法國，我們稱之為「隨性」；要是在其他國家，我們就會直覺反應「隨便」。

享受陽光，欣賞水岸風光。

枕木錯落的河畔座椅。

枕木與植栽錯落的人工綠廊。

夏日河畔。

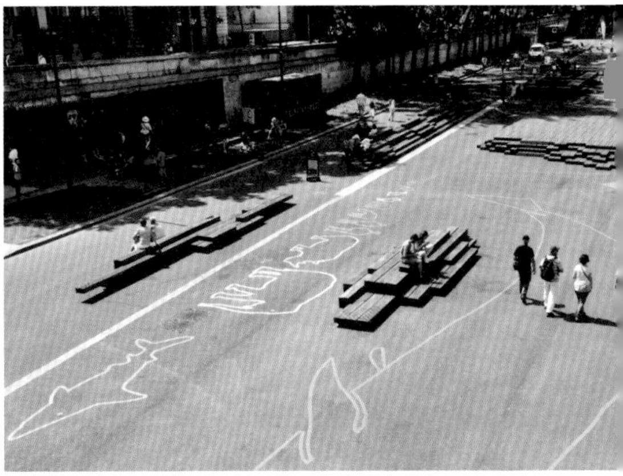

左岸設計的奔放自由。

河畔水上浮台。

義大利・水路威尼斯

GPS: 45.438009, 12.335900

繁忙的運河水路。

在威尼斯，與水岸有關的一切故事，是這樣展開的。

初來乍到，背著大小背包，穿越在威尼斯運河高低起伏的橋梁間，相當累人。不過，汗流浹背的辛苦，卻是另一次難忘際遇的開端。

沒想到，我隨意坐下休息的一處橋梁邊，是一部六十年前威尼斯著名電影（Summer time, 1955）的場景。一位英國大叔就這麼迎面向我走來，默默坐在我身旁，分享著這部經典電影的種種情節，甚至直接拿起手機播放影片，邀我一同回味那部電影中的諸多場景和經典對白。一甲子前的電影，我當然一無所知，但是英國大叔生動的描述，搭配影片中情節場景的真實對照，反而讓我鮮活地開始認識威尼斯。

隨意街邊這麼一聊，晃眼就是兩個多小時，我還沒放下背包，但是在威尼斯碰到有趣的人事物，已經開始。

每一條小巷的櫥窗都有奇特的羽毛面具，每一個巷弄的店面都有可口的冰淇淋店。隨意地轉彎穿過長巷，可能跨越的會是一座橋，又或者，不經意地會與水面的行船擦身。遊客們的歡笑聲迴盪在狹窄的水巷，行人們的好奇心投射在蜿蜒的街上。

在威尼斯街頭另一門有趣生意，就是幫忙遊客搬行李。對於瘦弱的女生來說，有人能幫忙提著大行李箱，在威尼斯的拱橋上

水都威尼斯速寫。

宮都拉船行經利雅德橋。

與水而居的大運河畔樓房。

水上木樁的威尼斯印象。

馳騁大運河的快艇。

上下下，絕對是一個誘人選擇。挑夫的搬運方式，也充分展現人類因地制宜的智慧：手推車大輪子前方，伸出兩支腳，上面也有小輪子，輔助搬運，這可大大發揮妙用。上橋時，小滾輪可以先上台階，當作槓桿的支點，推車就能輕易上橋；下橋時，小滾輪又可以先接觸下一層階梯，減少推車震動，保護客人的行李。光是這樣一個簡單的輔助創新，讓搬運過程變得容易，也讓我在威尼斯街頭看得目不轉睛。

迷人水都的美，不能只從陸地上欣賞，非得要加上在水面上漂浮的角度，才算完整。這一天，純粹地隨意跳上船，自由享受微風與海水，感受不同角度的威尼斯。

以前，我對於插滿在水道中的一根根木頭總是充滿好奇，那似乎也成了威尼斯印象的另一種象徵。在威尼斯的這些天，我才明白這些木頭究竟有何用處。原來，通常是兩根木頭成一個單位，讓水道上的小船在側停之時，可以前後套繩固定，方便卸貨或是上下船。不過，當停靠宮都拉船（Gondola）時，又是另一種用途；因為宮都拉船身細長，所以水面上的木頭會以四根為單位，前後夾住船身，讓細長船身僅隨著水位高低起伏，不至於左右搖晃，這對於遊客上下船的舒適度來說，格外有幫助。

大運河的兩旁，都是威尼斯幾百年來繁華的象徵，無論樓房裝飾得多麼華麗繁複，共同點就是建築物的主要入口，都有一處伸向運河

因地制宜的威尼斯設計。

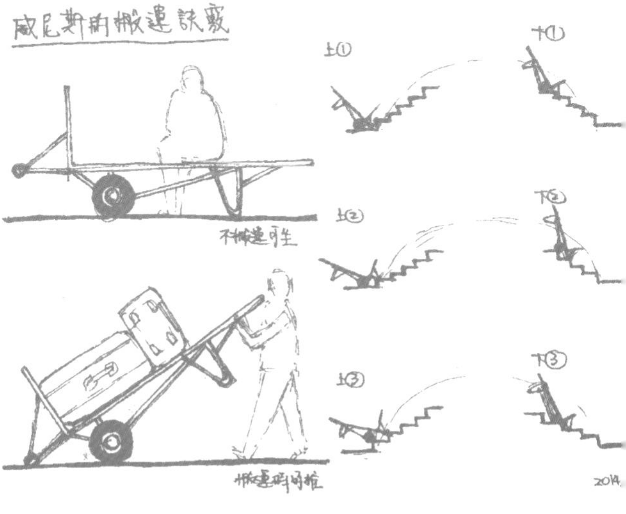

的小碼頭。沿著大運河一路前行，沿途滿是這樣的場景，讓人更加深刻地沉浸在水都迷人氛圍之中。

繁忙的運河水道上，各類船隻川流不息。除了宮都拉船之外，有公共運輸的水上巴士，也有私人載客的水上計程車，當然也有載貨小船，更不會少的就是私人豪華遊艇，跟陸地上的情節相比，可說是有異曲同工之妙。這就是水都威尼斯的魅力，也是我印象中剛踏出火車站的場景。不同類型的船隻在亂中有序的航道上，彼此穿梭，構成了一幅威尼斯繁忙交通的水上即景。

似乎，這座最有資格被稱作與水相伴的城市，早已習慣了氣候變遷下，潮起潮落間的載浮載沉。退潮時水面可以與岸邊相隔近一米，但是當時間隨著漲潮慢慢推移，卻又能不時看見海水如入無人之境，不斷浸溼路面、拍打上岸，宣示著不容侵犯的主導權。生活在此的人們，早已習慣了退潮時盡情臨坐水岸，漲潮時自然退坐一半。水與岸的分界，在威尼斯早已不再明確，隨著海平面若有似無地上升，早已多了一處逐漸擴大的模糊地帶。

離開威尼斯的心情，宛若一場不想睜開眼睛的美夢，直到離開前夕，都仍然對於世界上有這樣的生活模式感到訝異。這一別，何時還能再相會，難說。不過，至少我曾經有過一段難忘的在地生活。

威尼斯大運河風華。

Take Q there!

運河小巷。

02

探索 城市景觀設計

丹麥・哥本哈根
蘇帕基林族群融合廣場

GPS: 55.699028, 12.541983

紅色腳踏車道。

假如，住在台灣的新住民朋友，要求要有一處屬於他們文化意涵的開放空間，台灣人能接受嗎？走訪哥本哈根西北邊住宅區中蘇帕基林（Superkilen）廣場的過程，帶給我諸多省思。

會知道這座廣場，是不經意看到同事所分享的案例。當初覺得竟然能用鮮明顏色做地面區隔，創意實在大膽！那時便在心中許下親身造訪的心願。

一處不管牆面地面都是紅色的廣場、一塊地形起伏白線編織的黑色市集、一個運動休閒活力奔放的綠色公園。用顏色，描繪設計的故事；用故事，串起共同的回憶；用回憶，勾勒未來的生活。

打從接近此區，不同膚色的人種就開始穿梭身邊，有非洲裔的媽媽推著嬰兒車、有包著頭巾的伊斯蘭婦女在座椅下乘涼、有脫光上半身打籃球的南美洲青年，也有本地的丹麥人騎著腳踏車穿越。身處周遭超過六十國不同人種的住宅區，一切都宣告著即將出現的不同場景。

遠遠地，看見了一面建築立面被漆成整片大紅色的醒目特徵；慢慢地，腳下鋪面也跟著換上濃淡不一的紅彩，就連廣場上的樹都挑選暗紅葉子的種類。泰式拳擊場是紅色，印度大象溜滑梯是紅色，甚至腳踏車道也跟著變紅。所有的一切都「紅」了起

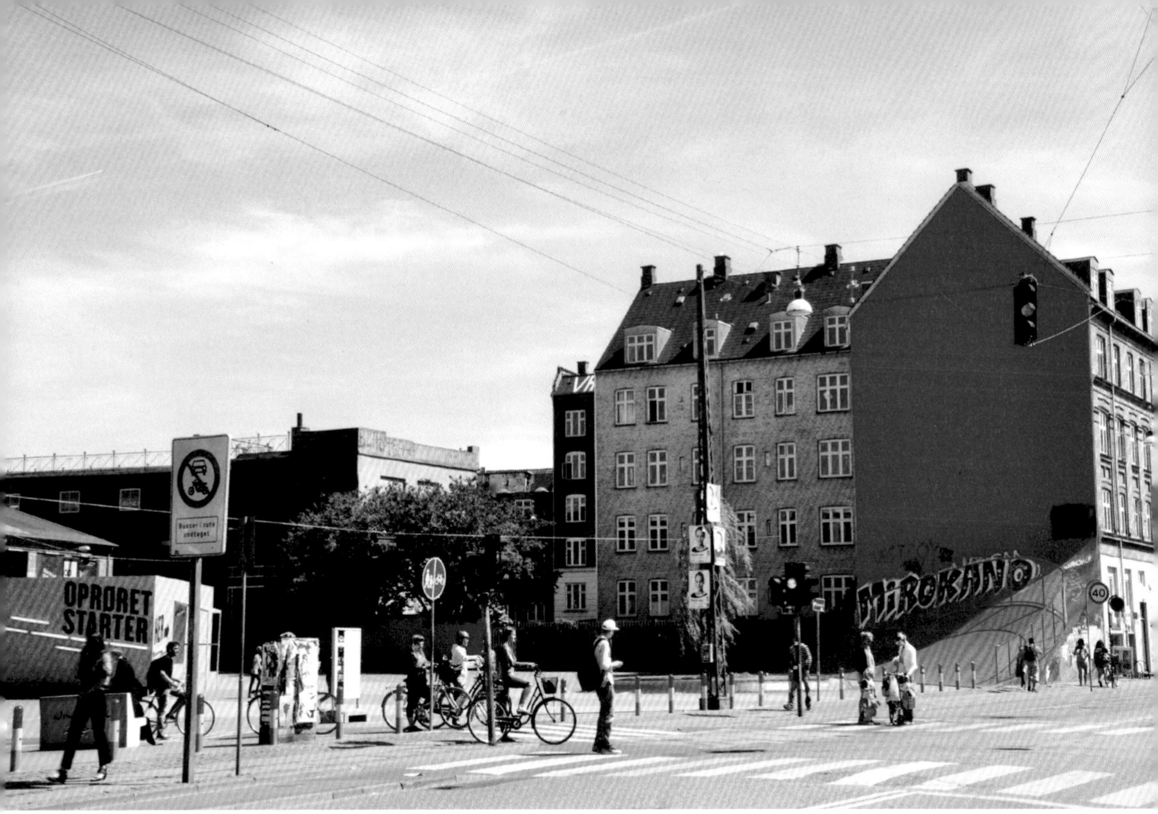

廣場前醒目的建築紅牆。

樹也特地挑紅色。

紅得徹底。

紅色健身器材。

來，彷彿不是印象中的哥本哈根。我問身旁的人們為什麼漆紅色？有人說這是熱情，有人說這是流過的血，我想應該都對。更明確的說，這代表著一種決心：一種試著接納，兼容並蓄的決心。

還沒走過馬路，目光已經被黑色的地形起伏還有數不清的白色曲線給吸引。剛過馬路，再鮮明不過的伊斯蘭意象和圖騰，滿布在廣場的每一個細節。在黑色的柏油上畫起無數條白色曲線，看似融合卻又各自分明。特別鮮明的一處藍色伊斯蘭星芒噴泉，是廣場上唯一存在於黑白之外的色彩，被白色曲線繞開包圍著。廣場一角那造型搶眼的黑色溜滑梯，任憑孩子們上下穿越探索，充滿無限可能。似乎，黑色的市集就像是一個正在融合的沉澱過程，感覺在一起了，但又如此壁壘分明。

跨過黑色市集，線條沒了，地形仍在，起伏的土丘被綠色的青草覆蓋，一切

廣場「鄉愁」座椅介紹。

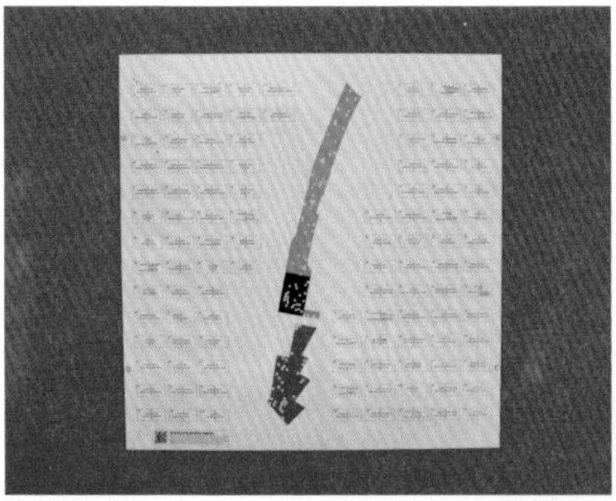

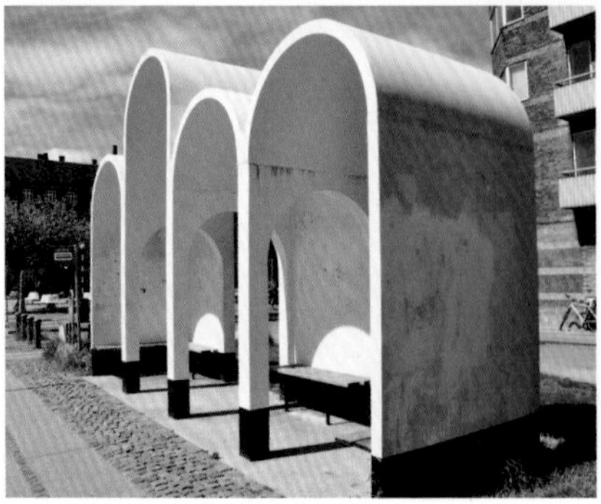

伊斯蘭風公車亭。

黑白廣場醒目的中東符號。

黑白廣場。

變得柔和。不同造型的健身器具和休閒設施，分布在綠色公園各處，孩子們到處奔跑嬉戲，不分彼此！

顏色區塊的劃分，某種層面表達了融合的過程。但是更細微的，我想是來自於「睹物思情」的深層心境。這座公園的每一張椅子都不同，而且旁邊都有告示牌，註記著不同城市。原來，建造之初，改造團隊曾蒐集附近不同國籍居民的「鄉愁」，並且實地走訪那些原有國家，試圖找尋不同國家的特色椅子，再將它們重新打造，放置在蘇帕基林廣場各處。

看著牆上指標，介紹每張椅子的原所在城市，看了格外感動！如果只是因為設計之初多了點同理心，就能幫助附近居民抒發「鄉愁」，那這樣的設計，真的做到心坎裡了。

離開蘇帕基林廣場，彷彿看完一部意義深遠的電影。人離開了，可是思緒卻還留在劇情中。不同人種，要在同一個國家求生存，要在同一座城市討生活，談何容易？也許丹麥人也一直不斷努力地學習，又或許，其實大家要的都不多。就像廣場上，一座用不同文字書寫的石碑「We want to live together.」一樣簡單，卻是一句內心深處，最單純的渴求！

綠色公園的鄉愁椅。

我們想要住在一起。

黑白廣場唯一的藍色噴泉。

黑色溜滑梯。

英國・倫敦黛安娜王妃紀念噴泉

GPS: 51.504990, -0.171704

黛妃紀念噴泉。

打從知道倫敦海德公園（Hyde Park）內有這麼一座噴泉後，我在任何設計圖集、案例介紹，或是示意照片搜尋中，總會特別留意這座噴泉。它無論是地形的細微變化，水流的多變，或是石材切割的精細，都宛如藝術品般精緻。書上看了這麼多年，如今站在它面前，體驗之後，完全顛覆過往想像！

這座紀念噴泉，從空中看像是一條優雅項鍊，輕輕地放在海德公園之中；實際上，卻是一個隨地形起伏變化的流水落瀑。我一圈一圈的繞，想要感受設計的不同樣貌。

繞再多圈，終究只是理性分析，索性脫掉鞋子，腳踩在水流之間。赫然發現，原來黛妃紀念噴泉的設計這麼感性！原來落瀑流水可以是空間蒙太奇！原來書上所描述的都只是表象而已！

對於這座紀念噴泉，我加入自己先前對於黛安娜王妃的片段了解，對照體驗當下的心境，如此解讀：

噴泉下方寬闊的水池，眾人圍坐。表面上水波平靜如鏡，池底下石材不規則細微起伏；想要邁步前進，沒有想像中容易。行進間，讓人有些提心吊膽，缺乏安全感，讓人聯想著黛妃過去生長環境的人格特性。

逆時針前進，眼前出現整座噴泉中，最精雕細琢的落瀑；水花不停飛濺，讓人很難不注意它。用力一蹬，踏上去，一步、兩

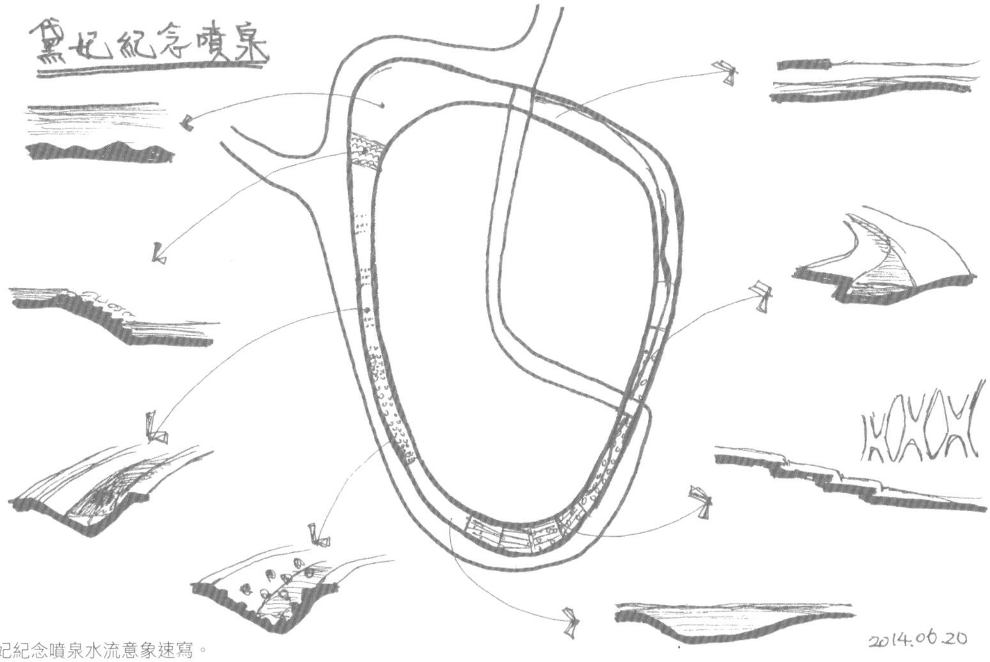

黛妃紀念噴泉水流意象速寫。

噴泉中最華麗的落瀑。

水流從上往下看顯得平靜。

平順向上卻偶有激流。

步、三步，上方水流平緩，平靜無波。果然，上面的世界截然不同。這段華麗，宛如當年全球矚目的世紀婚禮，公主與王子浪漫的故事，從此幸福美滿。

不過，平靜的水流並不持久。持續向前，水道快速收縮狹窄，不斷向下的急流，讓踩出的每一步，都會激起水花。尤其，這段路徑上沒走幾步路，就會出現一處加速小噴泉，讓人行走時必須瞻前顧後，因為一步沒踩穩，可能掀起的就是濺溼一身的水花。最後，為了避免水花，只好選擇走在水道兩邊的斜坡。似乎，隱約感受得到，王室生活並沒有想像中完美，好多的逆境必須克服，好多人也不斷從旁施予壓力。

即便已經走在水道邊的斜坡，但是斜坡上緊接著出現一顆顆連續凸起的石頭。無論再怎麼小心，只要水流碰到石頭，終究沒得閃躲，一定會濺起水花。這一段逆流而上的路，特別漫長，十分辛苦，基本上已經由不得你選擇。這種混亂，好像是黛妃婚姻的後期，因為種種原因，到最後衝突不斷，不得不以離婚收場的情境。

終於，穿越激流，來到噴泉最高處。再一次，雙腳踏進了平靜無波，深度過膝的深水區中；經過激流之後的片刻平靜，頗有沉澱心情、緩和情緒的味道。走在這一段的水流中，內心有種海闊天空

水花無處閃躲，飛濺全身。

平滑斜面開始出現凸起石頭。

順勢分流的流暢。

之感，要怎麼走接下來的路？好像再次充滿無限希望。

踏出深水區，不再逆流而上，開始順著地勢下坡。平坦滑順的石材，平靜流過的水，讓雙腳走得自在。彷彿心中的聲音不再雜亂，思緒變得清晰，新的人生方向水到渠成，不再逆流而上。

平順的感覺沒過多久，腳下的石材再次出現起伏；但是這次方向一致，帶點溫柔，不斷向下奔流的水，各得其所。順流拾階而下，水流跟著前進，不再激起逆流水花；石頭細緻的波動起伏，讓雙腳走得溫柔安心。這一段的體會，是一種理性與感性兼具的美；分段的水流，像是給予的關懷，猶如黛妃後期所參與的諸多人道關懷行動；細緻溫柔的石頭觸感，彷彿像是一個女人重新投入愛情懷抱，感受到一份溫柔的幸福。

這段美麗且舒服的感受，要長不短，隨著水道再次縮短，水流再度變得湍急。甚至，石材的切割直接且單一地決定了水流的方向，雙腳只能被水推著走，無法自己決定方向，也剎不住車。水流就這樣或左、或右，快速向前。宛若黛妃生命的後期寫照，一舉一動都在狗仔隊的注視下，沒有絲毫的停頓與喘息。

湍急水流不停向前、向前、再向前，回不了頭。最後，流進了步道下方的黑暗。這樣的結局，有那麼些真實，也充滿了無限想像。

走完一圈黛妃紀念噴泉，彷彿回味一段精彩人生。不同的水流呈現方式，都讓我腦中聯想到不一樣的畫面，綿延連貫不間斷，簡樸而自然。也許我對黛安娜王妃的認識並不深，但是當我離開這座噴泉時，心中已經隨著水流最後的去向，帶著一絲淡淡的哀傷。

Take Q there!

水流最終流進了黑暗。

石頭切割的方向決定了水流走向。

西班牙・巴塞隆納奎爾公園

GPS: 41.413542, 2.153125

奎爾公園充滿想像的立面。

奎爾公園（Park Guell），我心中始終充滿期待的奇幻世界。這是西班牙傳奇建築大師安東尼．高第（Antoni Gaud）的設計作品中，尺度最大的一個作品。公園位在巴塞隆納城市東北方向的一座山丘邊上。公園的前身，是高第的最大支持者奎爾公爵，想要開發作為住宅區的計畫之一，但最後計畫無法完全執行，僅完成公園與入口兩棟建築物，其中一棟也是高第的住家。

喜歡這座公園的原因，是因為打從認識它開始，就一直顛覆我對色彩、材料以及高程變化處理的想像。五彩繽紛的顏色、充滿故事感的造型、帶有主題性的雕塑、配置得宜的植栽，林林總總加起來，都讓這座公園充滿著好奇與幻想。

我始終好奇的是，這些造型全部都是高第自己想出來的嗎？為什麼他的腦袋總能裝著這麼多奇形怪狀的元素？又為什麼他總是可以不斷地用類似的材料，持續延伸出不同變化？每欣賞完一件高第作品，內心的疑問就更顯強烈。

由變化豐富的曲線與破碎磁磚馬賽克打造的入口階梯，在每一段樓梯之間，都有明確而精彩的主題。圓弧型花台、造型石頭搭配尖葉型植栽的狂野組合、色彩繽紛搶眼吸睛的蜥蜴、伊斯蘭風格的內崁洋蔥型遮蔭休憩亭、牆面上凹凸起伏的磁磚馬賽克，當這些元素精彩地搭配在一起，讓人打從走上樓梯那一刻開始，

奎爾公園充滿想像的立面。

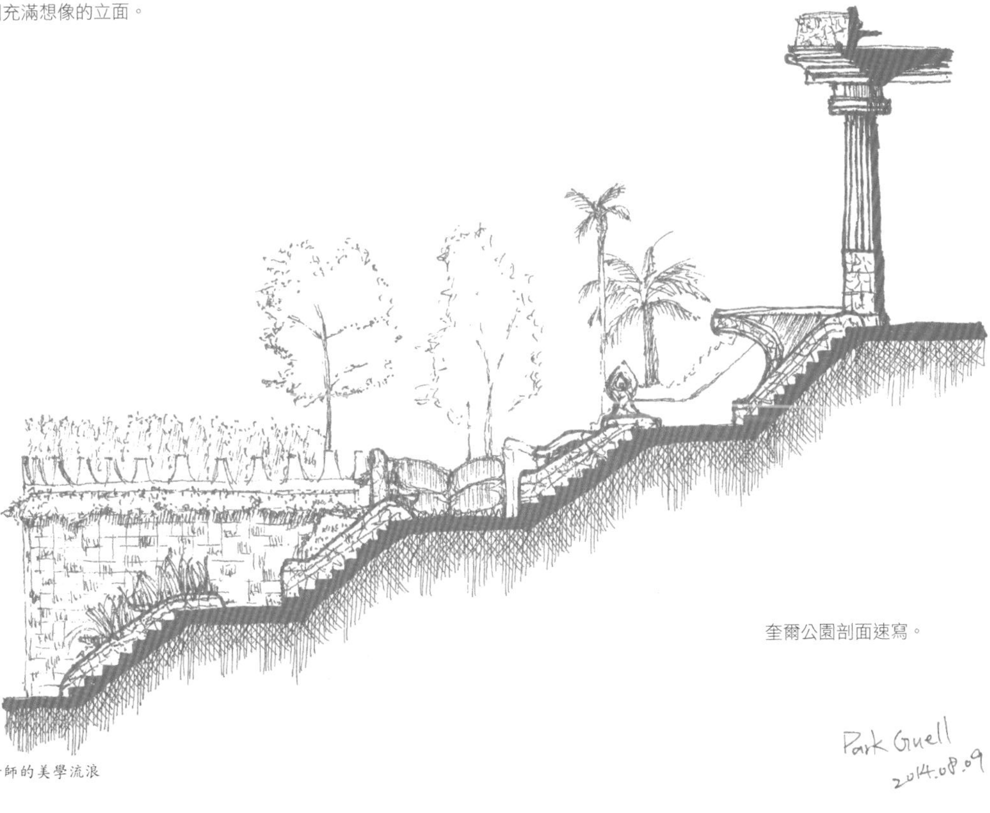

奎爾公園剖面速寫。

階梯上方垂直陣列。

就已經掉入魔幻的世界，捲進幻想的漩渦。

走到樓梯上方，抬頭仰望，由壯觀柱列排列而成的巨大空間，撐起上方廣闊的戶外平台。走在柱列之中，像是身處無邊際的熱帶雨林，彷彿人人都能在這裡找到一處靜謐角落，仰望頭頂美景。對於柱列頭頂那一個個半圓形結構，我尤其感到驚喜，因為這樣的做法在結構上相當穩固，可是在視覺上，特別有將空間再拉高的錯覺。光是抬頭仰望，就足以端詳許久。

柱列撐起的上方平台，是公園自然綠意的立體延伸，讓人的視線得以用更豐富的角度，飽覽巴塞隆納的風貌。順著那蜿蜒起伏變化，色彩不斷變換，宛如一條躍動彩蛇，在太陽下翩翩起舞的波浪座椅，讓人們無論或坐或站，都能因為繽紛色彩而帶來好心情。我佩服的是，這些波浪座椅的外側從階梯方向看，是下方柱列的收邊色帶，但是內側又能設計成符合人體工學的座椅。那個當下，對於高第先生在尺度拿捏與細膩思考上，再次肅然起敬。持續蜿蜒，色彩豐富的造型椅背，在我看來，像是專屬於巴塞隆納的相框，從這裡看出去的風景，遼闊之外，更多了份城市的歸屬感。

高第只會用破碎磁磚馬賽克來修飾外牆嗎？在我走向公園深處後，又是一番顛覆。原來，他也能運用角度多變的塊石，

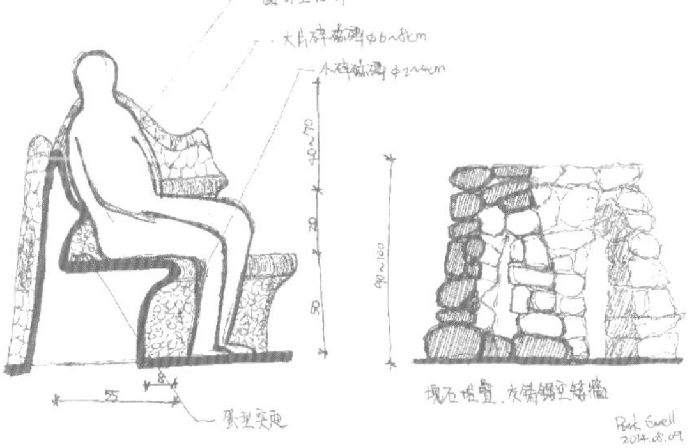

波浪座椅的尺寸也符合人體工學。奎爾公園剖面速寫。

細節處格外用心的公園一隅，豐富的地形變化、綿延不盡的彩色波浪座椅。

自由堆疊出另一番風格的曲線拱廊，自由排列出相互鏤空的造型矮牆。這些結果看似理所當然，但是當時的興建過程，需要多少密切溝通？需要師傅多少巧手與耐心？摸著那些石頭，遙想百年前的他們，如何討論合作，勾勒出一個大家都未曾看過的造型與未來，共同完成。這更加讓我明白，高第讓人驚嘆的絕對不只有設計，如何把設計的想法清楚地向現場師傅表達，絕對也是他另外一項鮮少被提及的才能。

再一次滿載而歸地離開。高第那風格特異的造型，無論怎麼學，想必都無法超越。但是從他設計之中慢慢體會出來的細微之處，特別是某些親臨現場才能明白的精神，對一位設計師來說，是一生受用的啟發。

專屬於巴塞隆納的相框。

極具空間張力的塊石長廊。

精雕細琢的鋼鐵大門。

充滿無限想像力的造型。

西班牙・巴塞隆納
對角線大道景觀公園

GPS: 41.408066, 2.213676

Parc de Diagonal-Mar公園。

巴塞隆納的街道紋理，除了有方格型切豆腐的基本架構，也有幾條斜向貫穿的大道。其中，最長的這一條有個名副其實的名字，就稱為「對角線大道」。

因為斜向大道切開了整齊方格，所以巴塞隆納的市區很容易出現小節點，這也是它的特色之一。更因為這些小節點，很像是中醫所說的人體氣節點，只要打通便能通體舒暢，所以巴塞隆納的都市更新也被稱為「針灸法」。以小範圍的改造做基礎，後續再彼此延伸，連成一氣。找到精彩的「節點」，就是在巴塞隆納旅行的探索重點。

Parc de Diagonal-Mar是對角線大道底端的一處公園。來到這裡，感受到一種站在建築大師高第的肩膀上，更加推陳出新的大膽設計。在這座公園中，設計讓立體綠化變有趣了！

那些自由扭動的造型鋼柱，不僅豐富了公園天際線，也為地面創造出有趣陰影。從路面扭動延伸到水面，既是地面上的爬藤攀爬架，又可以是水中噴泉的出水口，想必設計之初，肯定下過不少苦心，才能形成如此富有趣味的造型。

鋼柱是基礎架構，但是讓這個公園設計有畫龍點睛的豐富效果，來自於尺度雖大，卻擁有細膩質感的大花盆。大花盆不規則曲面的外表，延續了高第採用碎磁磚的拼貼法；除此之外，還加

破碎磁磚馬賽克的進化
立體綠化的豐富造型變化

Parc de Diagonal-Mar公園意象速寫。

2014.08.0

Parc de Diagonal-Mar公園。

入尺寸更大，且顏色富有層次的不規則陶瓷碎片，兩者之間的搭配，讓每一個大花盆都擁有各自獨特的表情。

鋼柱與花盆結合，讓空間綠化效果呈現了立體變化。當眼前那比人高的大花盆靜止在半空中，隨著陽光閃耀發亮時，不得不說那份空間張力，瞬間達到最高峰。花盆內的爬藤植物，無論從地面或是從半空中向外延伸，都讓鋼柱與花盆的連結更加緊密，也讓整座公園的綠意與遮蔭，產生了與時間對話的美感。

再往對角線大道底端走去，正對著巴塞隆納的海岸線，是當地的國際航行訓練中心。造型感強烈的太陽能板大屋頂，形塑出力與美的平衡。

在太陽能板屋頂的下方，能做些什麼事情？這是我在巴塞隆納的設計中，看到最有創意，也最能體現空間特性的使用方式。

在海邊，由矩陣排列鋼柱所撐起的太陽能屋頂，在下方創造了高挑且通透的遮蔭空間，成為老少咸宜的高空極限運動訓練場。各式各樣的溜索、橫跨設備、攀爬設施，在半空中架起了一個趣味性十足，挑戰性強烈的樂園。看到這樣的結合，讓我對於太陽能板空間的立體化使用，相關設計搭配的靈活運用，有了更多面向的啟發。

這就是巴塞隆納處處讓人驚奇的地方，因為這座城市始終在

太陽能屋頂陣列。

破碎磁磚馬賽克的進化。

創新，所以也更容易在新事物中嘗試新的結合與突破。在這裡，我看見巴塞隆納如何在各類型的設計之中，整合垂直向度的空間運用；在立體綠化的遮蔭上，如何跳脫以往束縛；在太陽能板的下方空間，如何整合有趣的活動。

老少咸宜的極限探索樂園。

太陽能板下方可以有更多可能。

03

忘情 城市建築地標

冰島／雷克雅維克
芬蘭／赫爾辛基
瑞典／斯德哥爾摩
法國／
巴黎・馬賽・廊香
梵諦岡
西班牙／巴塞隆納
義大利／
威尼斯・羅馬
阿拉伯／杜拜

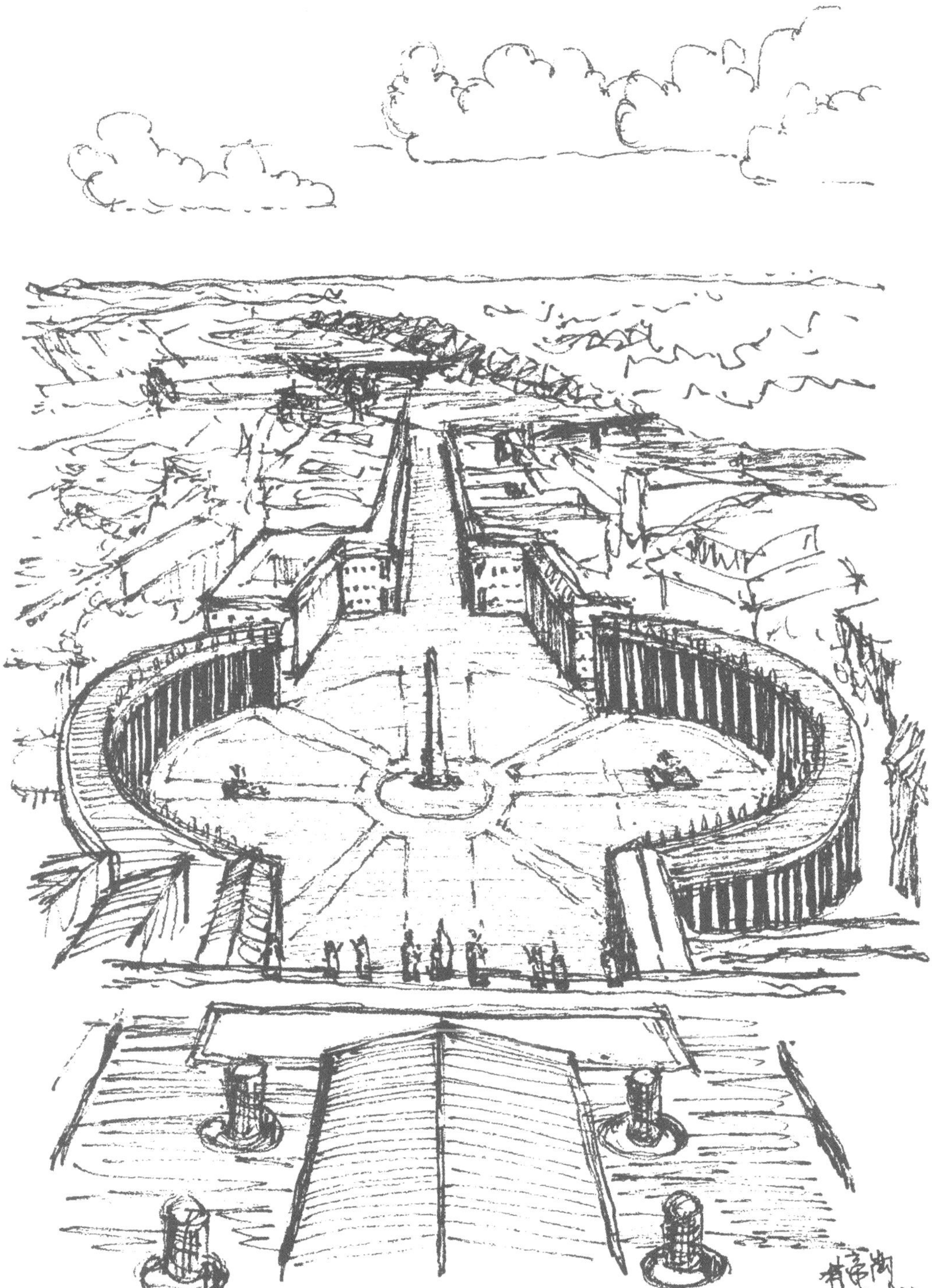

阿拉伯·杜拜帆船酒店

GPS: 25.140973, 55.185738

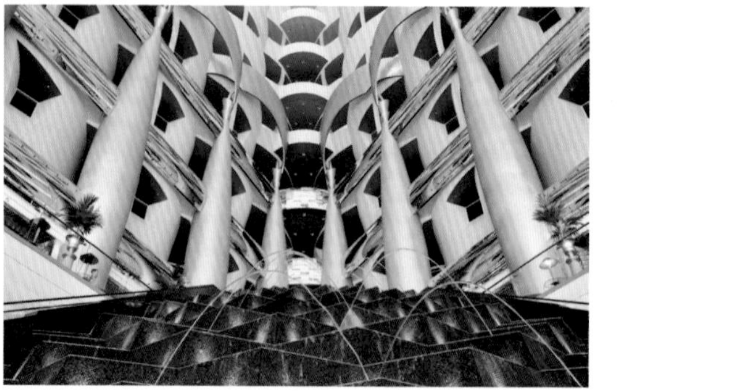

飯店挑空的金碧輝煌。

《大亨小傳》是我非常喜歡的一部電影，裡面最經典的一幕，是劇中主角在享受奢華的放縱瞬間，我從中感受到「既是旁觀者清，又是當局者迷」的複雜心境。

若要說當局者迷，在帆船酒店的難得奢華，是旅行過程中很少會有的大手筆；若要說旁觀者清，當回到了平常世界，我反而得到了與阿拉伯朋友最誠摯的互動。

為了有幸一窺七星級帆船酒店的樣貌，早在旅行之前，就先預訂好二十七樓早午餐。現實就是如此，沒有消費，連帆船酒店的跨海橋都上不去。既然千里迢迢來到杜拜，說什麼也得親身體驗什麼是七星級酒店。而早午餐的消費，已經是所有進入飯店中最平價的消費，「只要」台幣四千八百元！

走過跨海橋，繞過迎賓水池，緩緩走進旋轉門。緊接著，奢華又華麗的場景不再是圖片，開始一幕幕地真實呈現眼前。

波斯灣海水般的寶石藍與翡翠綠，成了飯店最鮮明的配色；金碧輝煌的大柱一字排開，宣示著一切奢華的典範；精緻輕盈的跳泉水景，搭配著多變而輕快的節拍，歡迎著每一位貴賓的到來。你說它俗氣嗎？其實所有的設計都有很高的藝術水準；你說它美麗嗎？其實所有的設計都有一點過分表現。無論如何，帆船酒店所妝點的一切，滿足了花大錢人們的慾望。至少，比起澳門揭開帆船飯店的神祕面紗。

帆船飯店的迎賓大廳。

許多賭場酒店的陣仗排場，這裡反而相對精緻高雅得多。

二十七樓的餐廳，面對著一望無際的波斯灣，同樣是自助餐，這麼貴的價錢到底讓我體驗到什麼？我認為是值得的，因為我看到工作的熱情，感受到細微的貼心。

在這裡工作的每一位服務員、廚師，都是萬中選一，團隊陣容就是小聯合國。廚師面對著波斯灣，專注地為每一位來賓製作美食佳餚；服務員的笑容親切，並且總是把「Enjoy it!」掛在嘴邊，讓人打從心底的感受到被服務的品質與尊重。看到他們對於自己工作的專注與堅持，也讓我心中默默地豎起大拇指。

這裡的料理美食，囊括全世界，無一不是美味。但是最讓我印象深刻的，是餐廳對於水果的巧思。原來，當水果在切片時，會刻意留下一小段果皮，讓人們在吃的時候可以優雅拿起，即便吃到最後一口，都不會讓

望向波斯灣的自助餐廳。

果皮沾到臉龐。每一片都這樣處理多費工！但是，也就是因為堅持，才能讓慕名而來的世界遊客賓至如歸，不是嗎？

結束華麗的早午餐，才終於讓自己的內心回復平靜，可以客觀的觀察帆船酒店，究竟用了哪些設計元素。看似妝點得金碧輝煌，其實在不少小地方，有它高貴不貴的材料選擇。舉例來說：順著電扶梯向上，映入眼簾且充滿視覺張力的金色大柱，其實在心理層面上，已經先入為主地給人「華麗」印象，卻不知其實它只是**FRP**材料的空心柱，表面再以金箔色塗料包覆，就能具有如此效果。另外，夾在兩座電扶梯之間的噴水池，在伊斯蘭幾何圖形的變化間，呈現出彩虹般的漸層色彩，非常有質感；可是認真仔細看，才發現竟然只是用不同色彩的壓克力碎塊鋪設，不僅便宜，而且更換清潔都容易。

全世界酒店那麼多，帆船酒店如何標榜「七星級」又能屹立不搖這麼久？沒去過，我們可以說它的國際行銷做得很好，但是真正體驗過後，會知道他們如何用心經營，絕非浪得虛名。

七彩迎賓跳泉。

多切兩刀，能感受七星級的服務。

飯店挑空的金碧輝煌。

離開帆船酒店的高規格待遇，讓我對阿拉伯的好感更加提升！頂著中午豔陽，我從帆船酒店離開，想要走路去捷運站，沿途欣賞豪宅景色時，隨口問了一位在門口整理高級房車的中年人，走去捷運站要多久？他眉頭一皺，告訴我要非常久，叫我搭計程車。道謝後我便繼續向前走，實在是又熱又渴，全身汗流浹背。沒想到十分鐘過後，剛剛問路的中年人，竟然開著他的高級房車出現在我身邊，略帶責備的語氣說：「已經告訴你要走很久，為什麼不搭計程車？」邊說並招手叫我上車。直覺告訴我他是好人，我便跳上他的高級房車，奔馳在櫛比鱗次高樓的大馬路上，快速抵達捷運站。這樣一個來回，至少省下五十分鐘的腳程。載我到目的地後，他沒多說什麼，又帥氣地開走了！

一趟難得奢華的帆船酒店體驗，在美食、海景、設計觀察之外，還能被一位不知名路人用豪華房車接送。杜拜，有它的遙不可及，但更有它的平易近人。

Take Q there!

飯店挑空的金碧輝煌。

七彩跳泉的彩色壓克力。

瑞典·斯德哥爾摩的地鐵美學

Rådhuset站褐色粗獷質感。

如果說，第一本書裡，我稱莫斯科地鐵為「華麗的地下宮殿」，那麼斯德哥爾摩的地鐵，我會稱它為「奇幻的地下洞穴」。

串聯起斯德哥爾摩地鐵的路網系統，總共分成紅、綠、藍三色。紅、綠兩線在地鐵深度、月台形式或是裝飾風格，都還在正常理解範圍之內。最後開通的藍線，挖得特別深，深到彷彿與世隔絕，好像每個人都變成了童話故事中的愛莉絲，一起掉進地底下的藝術奇幻洞穴。

這麼有意思的地鐵站，值得把自己當成一隻土撥鼠，仔細探索地底隧道內的每一座車站。逛累了覺得冷，就跑出地面晒太陽；覺得溫暖，又跳進地下繼續挖掘，享受每一次停車開門後的藝術驚喜，吸收想像力無遠弗屆的地鐵站設計。

事出必有因，為什麼每一站的設計都這麼有趣？我自己這樣認為：北歐的物價如此昂貴，蓋一條地鐵絕對所費不貲，再加上挖得又深又不屬於一般的潛盾工法，價格更是嚇人；因此，乾脆保留開挖後的痕跡，做最簡單的處理，表面裝修索性全部採用油漆。如此一來，裝修費用降到最低，又可以讓地鐵站變成一張立體大畫布，隨著想像力自由揮灑。總之，我對於人類可以建造出這麼粗獷，但是藝術性如此有質感的現代地鐵，感到很不可思

T-Centralen站藍白大穹頂。

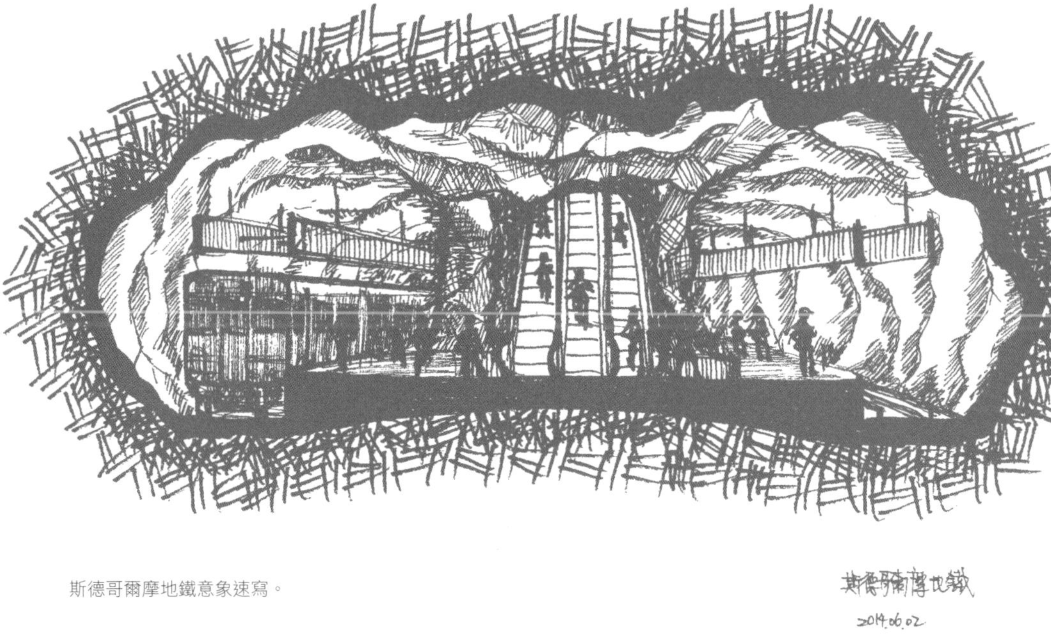

斯德哥爾摩地鐵意象速寫。

T-Centralen站藍白大穹頂。

Rådhuset站出站口的神祕圖騰。

議！

雖然每一站都各有特色，但還是挑選了幾座印象特別深刻的車站，從設計概念和藝術表現上，提出我的觀點。

T-Centralen站

與火車中央車站相連，是斯德哥爾摩地鐵最主要的交會車站。在粗獷豪放的地鐵站空間中，單純利用藍、白兩色，就能靠創意將車站洞穴打造得如夢似幻。無論是刷白底配上藍色花紋，或是鋪藍底上畫白色裝飾，都有一種讓人身陷青花瓷般的錯覺。藍白色的紋路總讓人仰頭四處張望，因為洞穴中總能有一處不經意的角落，藏著別出心裁的藝術驚喜。如果說，這座地鐵車站代表的是斯德哥爾摩的重要門戶之一，那麼瑞典人想要展現的，不是貴氣與華麗，也沒有過多的政治意義；相反地，想要勾引出人們最單純因為藝術創作而產生的開心，顯得格外純粹不做作。

Rådhuset站

從明亮的列車踏出門外，略帶昏暗的車站空間感覺特別神祕。紅褐色，整座洞穴車站的主色調，格外粗獷。不

Rådhuset站褐色粗獷質感。

強調色彩的鮮明對比，反倒是利用燈光強弱，讓洞穴內不規則起伏的表面，立體感更加強烈。當電扶梯簡練的線條，隨著明亮燈光扶搖直上，對比出邊上帶有開鑿痕跡的洞窟，衝突下的和諧美感，油然而生。當你以為一眼望穿，其實在細節處又暗藏驚奇，尤其是角落刻意大量使用遺跡元素的裝飾來做擺設，營造出一種置身古墓，歷經探險的特殊氛圍。

Hallonbergen站

沒有想當然耳的成熟，反倒像是孩子們半夜偷跑進祕密基地的塗鴉，白天帶給大人們的一陣驚奇。簡單的線條恣意揮灑，畫得隨意，可是充滿童趣。整個車站像是一張大圖畫紙，而車站內的每一個人，都在欣賞巨人小孩的創作。光是要讓車站產生什麼樣的圖形已經很不容易，更不用說當時在畫畫的師傅要如何認真地把這些塗鴉真實呈現。假

Hallonbergen站的童真美學。

如師傅只想把工作做完，我想結果不會是這樣，想必師傅們也保留了幾分童真，才能讓自己像是孩子一般拿起畫筆，在大片岩壁上，無拘無束地塗鴉。

TENSTA站

同樣是白色塗料當底色的岩壁，有別於前一個車站的童趣，這一站則利用噴漆打造出考古壁畫的氣息。運用噴漆的技巧更豐富多元，每一個作品的主題都利用線條虛實變化，搭配漸層柔邊效果，讓動植物在牆壁的呈現不只是明確的實體，更多了一層鑲嵌質感的立體。所謂「玩出名堂」，應該可以說是這個車站的最佳寫照吧！

其他

某些車站，雖然沒有特別利用塗料在牆面做文章，但是卻保留了岩石壁面的質感，再搭配北歐慣用的木頭材料當作椅子，一樣

TENSTA站的考古壁畫質感。

呈現出簡約大氣的設計質感。

除此之外，也有一些牆面，用不同顏色的丁掛磚來創作。那樣的美感呈現很難出現在台灣！因為這些磚的排列，有些直，有些斜，角度不一，甚至還運用了水泥沙漿刻意做出厚度變化，讓同一面牆的丁掛磚，可以產生不同的立體效果。

一定要垂直水平對縫嗎？想不到斜角一樣有好效果。一定要牆面平整嗎？沒想到沙漿厚度不同也產生有趣變化。以前在畫這些鋪面材料分割時，即便腦海有天馬行空的畫面，但是最終畫出來的線條，終究規矩。我們總是考慮「成本」、考慮「趕工」、考慮「現場」，考慮了半天，最後就是乾脆訂正方型的規格板，設計師畫得輕鬆，工地師傅做得省事，但是設計質感呢？在趕圖和趕工之間，再說吧！

感受藝術奇幻的地下車站，放眼望去盡是美好事物，不知不覺心中的枷鎖也悄悄被打開。藝術帶來的生活樂趣，不局限於博物館；美學帶來的心靈滋潤，可以如此零距離。從斯德哥爾摩地鐵，就可以看出瑞典人將生活與藝術結合到淋漓盡致的具體表現。

利用尺寸的切割讓丁掛磚更豐富。

利用厚度創造出色彩之外的起伏變化。

TENSTA站的考古壁畫質感。

丁掛磚的創意排列。

芬蘭・赫爾辛基岩石教堂

GPS: 60.173017, 24.925144

岩石教堂外觀。

赫爾辛基的市容，乍看之下沒有想像中繁華，但是細細探索，就能發現全部的設計能量都藏在細節裡。一系列的美感洗禮，讓我更加深刻體會什麼是「北歐設計」。

極富盛名的岩石教堂，是赫爾辛基的必遊之處，但是我覺得很可惜，因為一般觀光客總是鬧哄哄地來，急匆匆地去，根本無法用心等待，細細體會這座教堂的美。

教堂被有稜有角的岩壁圍繞，凹凸起伏，頭頂上環型放射排列的木結構，輕盈地撐起一片天空。輕與重、實與虛、暗與亮、自然與人工、恣意與規律、堅毅與輕盈，用純粹的空間元素營造出神聖感十足的魔力。每一次旅行，欣賞別具創意的教堂，都是讓人興奮的事情；無論是安藤忠雄的光影遊戲，或是丹下建三的混凝土魔力，都曾經讓我驚嘆不已。但是，同樣是光影變化，當岩石教堂上方的光線，透過木結構空隙灑下，在岩壁上產生曲折變化，那種連續卻不一致的美感，彷彿讓時間的推移戛然而止。而每一個靜止的瞬間，都充滿張力。

岩石教堂的細節，可以體會出芬蘭人追求品質的用心。

抬頭看，環狀排列的木結構，像是鑲嵌般的卡在每一個剛好吻合的岩壁之間，巧奪天工。那不是巧合，可是要能夠細心堆疊安排，也無法單靠設計圖呈現，絕對要施作師傅有十足的美感與

壯闊的岩石教堂空間。

岩石教堂速寫。

耐心，才能不帶匠氣的完成這件「作品」。

低頭望，地板與岩石的交界面，是一條排水溝。讓我讚嘆的是，水溝形狀是順著岩壁切面蜿蜒而行，而覆蓋其上的鍍鋅鋼條，也就跟著轉彎相接。什麼是用心？這種做法在台灣會被當成傻瓜，吃力不討好。但是在大家認為沒必要的地方做到完美，就是用心！我在岩石教堂，體會到了北歐式的堅持與品質。

關於岩石教堂的另一個觀察，不禁讓我會心一笑。緯度與氣候的差異，讓身在亞熱帶地區的台灣，設計上總是思考著如何創造陰影，讓刻意被安排的光線，扮演空間高潮的關鍵角色。高緯度的芬蘭，營造空間氛圍的做法，卻是在頭頂上創造三百六十度的採光，竭盡所能地將光線導引進教堂。從氣候條件看見兩相對比，實在有趣。

藝術融入生活，這句話我在岩石教堂感觸很深。在這個讓人靜心放鬆的教堂空間，館方不會拿起麥克風大聲叫遊客安靜。他們做的，是在教堂內播放旋律優雅的鋼琴音樂，自然而然地，嘈雜人群

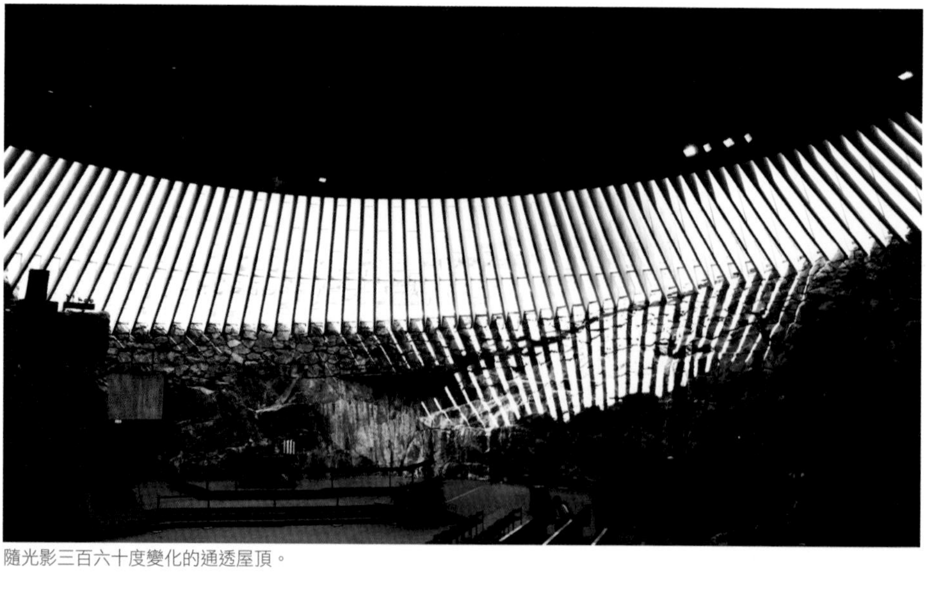

隨光影三百六十度變化的通透屋頂。

輕盈與厚實間的對話。

順勢而為的排水溝設計。

恰到好處的鑲嵌。

也會隨著樂聲靜心，以相對安靜的心，感受教堂壯闊，或是虔誠禱告。再有那麼不長眼，大聲喧譁的遊客，館方也不動怒，只是透過麥克風暗示性地發出「噓～」的聲音表示安靜。要達到目的有很多方法，可以激進，也可以優雅，光是這一點，我就很欣賞岩石教堂的處理方式。

一座岩石教堂，可以體驗優雅的管理、粗獷中的細緻、堅硬中的輕透。踏出教堂，回望，壯闊的空間感「大隱於市」在周遭建築群之中隱沒，等待下一位朝聖的旅人，經歷獨一無二的空間震撼。

人工秩序與自然起伏的交界。

冰島・世界最高緯度首都的風貌

GPS: 64.141710, -21.926651
GPS: 64.150334, -21.932696

融合冰島地景特色的教堂。

壯闊地形的震撼，是人們對冰島的第一印象，如果從人文方面來探索，又會是什麼樣的樣貌？冰島的首都雷克雅維克（Reykjavík），全世界最高緯度的首都，從建築中展現島國子民的特色。

這座冰島最大「城市」，沒有華麗壯闊的市容，但是卻精緻小巧有內涵。街邊店家的裝飾風格與精緻程度，與其他北歐城市相比，有過之而無不及。

走在雷克雅維克非常好辨認方向，因為市區中央的小山丘頂上，有一座造型特殊的教堂，是整個冰島最高的建築物。遠看，像一座蓄勢待發的火箭；近看，像是無數根層層排列的柱狀玄武岩，不斷向上，直衝天際。會呈現這樣的造型，據說設計概念是想要呈現出火山爆發的瞬間，雖然我自己覺得效果沒有那麼強烈，但是無論如何，這仍然是我印象深刻的教堂之一。

除了高聳教堂之外，港灣旁有一座嘆為觀止的冰島國家音樂廳，也能夠展現冰島的建築工藝。雖然沒有機會體驗演出的音響效果，但光是設計呈現的空間變化張力，已經不虛此行。

看看冰島國家音樂廳，如何呈現「冰」與「火」的設計主題。

展現「冰」的設計方面，它的外觀不單純只是玻璃，而是一

雷克雅維克隨處可見的精神地標。

冰島國家音樂廳外觀。

冰島國家音樂廳內部的通透空間。

個個模組化又設計精巧，不斷重複堆疊，產生韻律美感的玻璃角柱體。這樣的造型，直接與冰柱的結晶體做最直接的呼應。結晶體再搭配墨綠色玻璃，將整座音樂廳點綴成一顆綠色翡翠，閃耀在雷克雅維克的港口邊。

展現「火」的設計方面，可以從室內的配色看出端倪。冰島給人印象最深刻的就是黑色火山灰，而在音樂廳的RC結構立面，不知道是原本水泥配比就加入黑色石灰，還是灌漿後才刷上的黑色塗料，總之，透過灌漿產生的自然孔隙，搭配黑色自然粗獷質感，表現出的火山意象，栩栩如生。

光線經過玻璃角柱灑落，反光在黑色RC牆面上。一邊呈現輕盈透亮，一邊展現深沉厚實，兩相呼應，賦予室內空間戲劇性的特殊表情。搭配穿梭環遊、簡潔流暢的動線，給人一種身在冰河洞穴間探險的想像。

藝術的極致工藝固然值得稱許，但是光想到前些年發生的冰島破產危機，再看見眼前這

冰島國家音樂廳速寫。

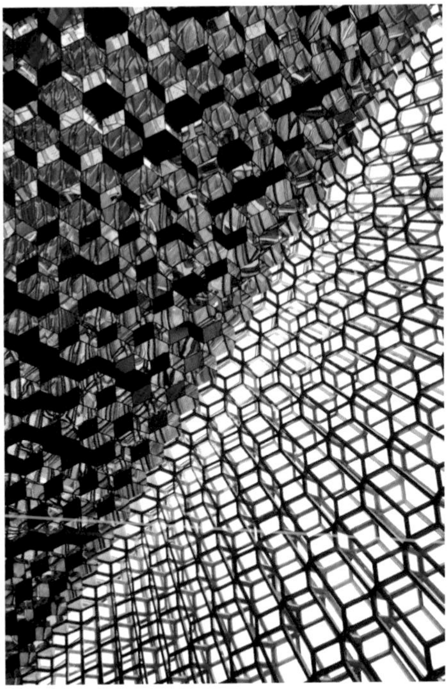

光影的對比對話。

些堆砌出來的華麗，不禁重新又讓人思考，這些東西究竟是「需要」還是「想要」？

區區三十萬人口的冰島，將大自然的鬼斧神工，轉化成人文工藝的巧奪天工，透過細膩的人文質感，活出屬於自己的特色。或許這些建築只是特例，但仍可視為一種縮影，值得同是島國的台灣，思索自身特色，結合自然與人文，發展不一樣的未來。

重複而堆疊的冰柱意象。

重複而堆疊的冰柱意象

英國・蘇格蘭議會大樓

GPS: 55.951992, -3.175565

議會立面重複而帶有變化的設計美學。

議會大樓可能蓋得有趣嗎？議會大樓可能蓋得與周遭天然美景融為一體嗎？議會大樓有可能變成一座讓人親近的大公園嗎？所有疑問，在英國蘇格蘭議會大樓，都找到適得其所的答案。

由西班牙建築師安瑞克．米拉萊斯（Enric Miralles）所設計的蘇格蘭議會大樓，無論從哪一個角落欣賞，都充滿設計驚喜。即便這個案子充滿著褒貶不一的兩極評價，但是對於設計的靈活思考還有細節巧思，仍然值得前來取經。

愛丁堡本身就是座自然地形多變的城市，城市東南邊有一座地形雄偉的峭壁高地（Holyrood Park）。蘇格蘭議會造型搶眼的建築物量體，本身就充滿話題性，即便如此，仍然可以看到整體空間配置上，呼應與周遭地形的關係：陡峭的山壁，直線；平順的綠地空間，曲線；視覺由近向遠的延伸，無限。

議會大樓的外圍綠地空間，擺脫中軸線配置的束縛，摒除民主殿堂莊嚴的氛圍。既然代表的是多元民意，那麼設計的配置上也可以試著考慮更輕鬆活潑一些。蘇格蘭議會的外圍，就是一座屬於全體市民的大公園，公園平面配置的線條，呼應著建築物複雜的量體，往周邊的自然環境發散，呈現出在鋪面、綠地、水池，各得其所的和諧狀態。看著老人家可以望著前方峭壁散步，看著大人可以坐在草階上悠閒晒太陽，看著孩童可以在水池裡盡

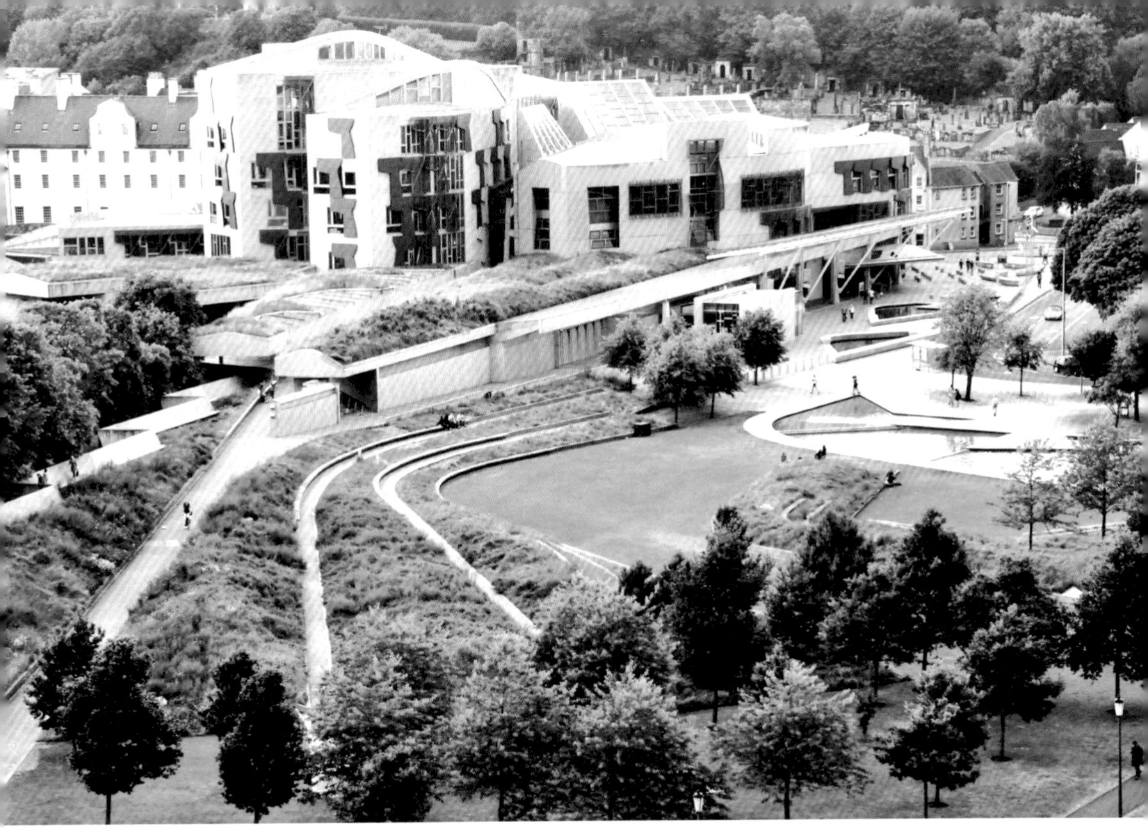

極具親和力的蘇格蘭議會大樓。

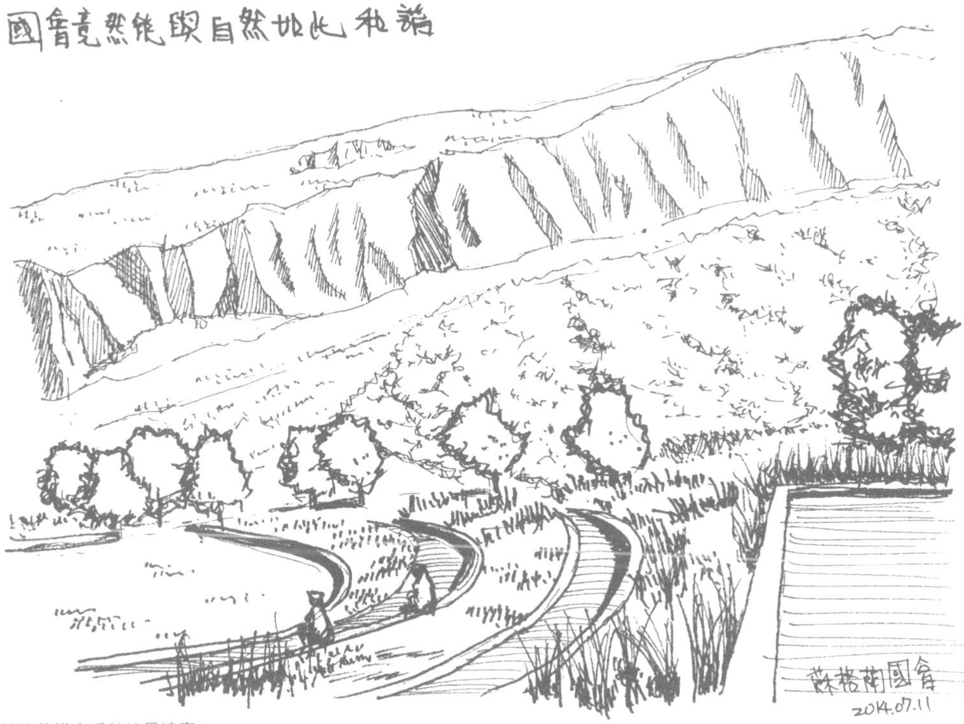
國會竟然能與自然如此和諧
蘇格蘭國會
2014.07.11

蘇格蘭議會戶外地景速寫。

親水廣場讓議會氣氛變得輕鬆活潑。

議會前與自然美景融合的親水廣場。

情嬉戲；所有一切看在眼裡，只能不斷地心想，原來議會外圍空間也能如此有趣！

走進議事廳，看著眼前這座繁複木結構的民意殿堂，完全可以想像為何這座議會建築在建造之時，會不斷追加預算，以及為何這棟建築物讓蘇格蘭人民又愛又恨。德國柏林的國會大樓，簡潔、順應環境但卻不浮誇；蘇格蘭議會則顯得過度表現，難免會讓相對保守的民眾產生批判。

除了整體大空間的配置之外，議會建築在很多細部設計的處理，也值得細細探究。

裝飾在建築物外牆的木條格柵，並不是標準規格木頭，幾乎每一根造型都不同，想必所費不貲。木條格柵分成三個立面層次，木條彼此活潑的穿插，再用長度不同的固定套件與支撐架固定。姑且不論這樣的設計是否有其必要性，但是能夠想到用這樣的方式做細部設計，並且高品質的完成，也實在不得不佩服設計團隊的大膽與施工者的用心。

繁複細膩的議會入口設計。

包圍外牆的另一個材料，是造型多變的金屬板材。讓我獲益匪淺的是，金屬鋼板在經過雷射切割後，如果在外邊再圍上一圈相當厚度的鋼板，就能更突顯其立體感，尤其當金屬板正反兩面都需要被觀賞的情況下，更能夠在虛實之間，產生靈活豐富的變化。

走出議會大樓，向遠方峭壁前進，即便爬得上氣不接下氣，仍然想要居高臨下，用不同的角度回望議會大樓。遠望，議會大樓的細節已經不是重點，反倒是整體建築物造型的線條、景觀公園的曲線，再一次成為視覺主角。看著那一條條發散曲線，從人工建築物向自然綠地奔放，綠樹、矮牆、草地，交織成和諧地景。此時無聲勝有聲，駐足遠望，活潑的蘇格蘭議會反倒成了一幅刻意被安排的風景畫。

造型搶眼的建築量體、開闊公園的景觀設計、巧奪天工的天然峭壁，三者之間融為一體，成就了蘇格蘭議會的極致工藝。愛丁堡的創意洗禮，無疑是一生受用無窮的學習。

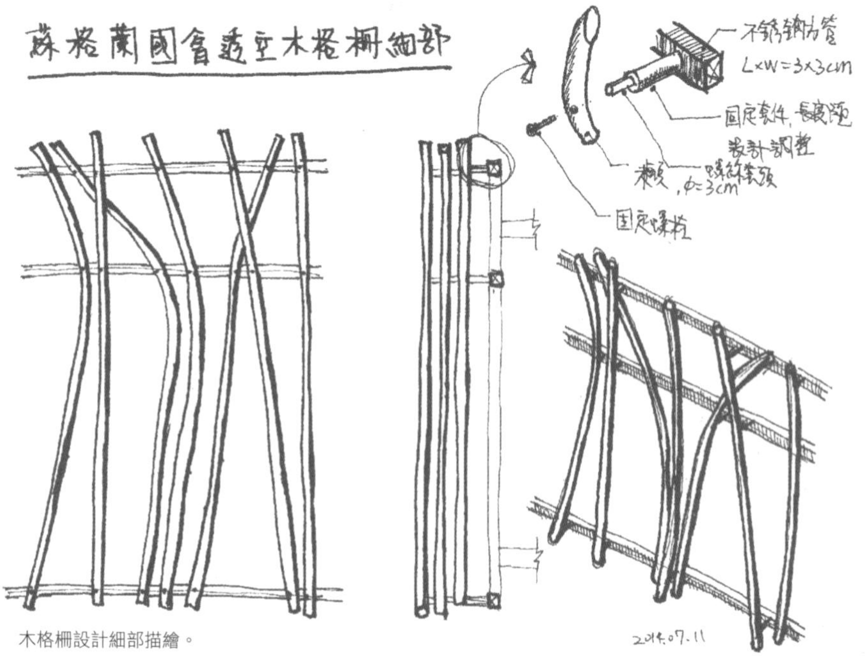

木格柵設計細部描繪。

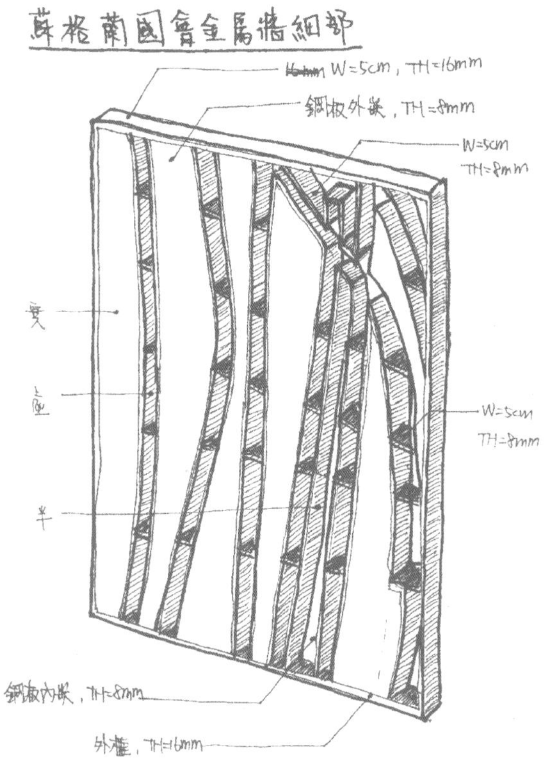

金屬牆設計細部描繪。

2014.07.11

造型金屬牆的設計質感。

陽光灑落，暖色調的議事廳。

法國・巴黎香榭里舍大道

GPS: 48.873249, 2.296646

對稱、均衡、嚴謹的香榭里舍大道。

兩旁成排陣列的法國梧桐，夾道歡迎人群，樹幹上飄揚舞動的法國國旗，還依舊散發幾天前國慶的熱鬧氣息。第一次，腳踩在最想要漫步的一條大馬路，香榭里舍大道（les champs-Élysées）。

這條重要的城市軸線，是從凱旋門輻射發散的十二條道路中，最筆直寬廣的一條大道，對巴黎的城市發展來說，有承先啟後的重要意義。因為香榭里舍大道的串聯，讓過去的巴黎舊城區，可以一路從協和廣場為起點，不斷向西延伸，在凱旋門形塑視覺焦點，更一路隨著時代演進，通往城市的更西邊，連結巴黎的拉德芳斯副都心區。

我心中所嚮往的巴黎，別無他處，就是要從香榭里舍大道開始。沒想到，第一次的接觸，竟留下如此戲劇性變化的記憶。

熱鬧喧囂、人潮不斷的香榭里舍大道，突然雷聲巨響，片刻間大雨沖淡了所有熱鬧。那些流連於名牌精品店的遊人，那些定睛於華美櫥窗的觀光客，那些穿梭於大街上寬闊步道的行人，無不尋處躲雨，無不爭相走避，深怕淋成落湯雞。大雨滂沱的大街上，只有陽傘下的老先生，依然悠閒的以杯就口，優雅品味咖啡，淡定看著身旁彷彿失序的一切。大雨中的香榭里舍大道，多了一份朦朧，我何其有幸能立足大道上的一處角落，感受雨中巴

傳統中軸對稱美學的香榭里舍大道。

香榭里舍大道視覺焦點的凱旋門。

黎。

這場帶有浪漫氣息的傍晚及時雨，來得急，去得快。繼續漫步在雨後溼氣瀰漫的大道林蔭間，雖然沒明說，但是我心中默默的有著一股期待。

當我走到香榭里舍大道的起點，沒想到心中期待真的實現！協和廣場上高聳的方尖碑，背後劃過一道彩虹，還有什麼比這更美好的禮物！

已經放慢的腳步，再放慢；身靠在塞納河畔的欄杆，啃著我那乾硬的法國麵包，欣賞著巴黎雨後彩虹，徜徉在這個讓我印象深刻的傍晚時分。

迎著涼爽的風，沿著塞納河漫步。河面上載著大批遊客的行船，航向遠方的艾菲爾鐵

由拉德芳斯區回望凱旋門。

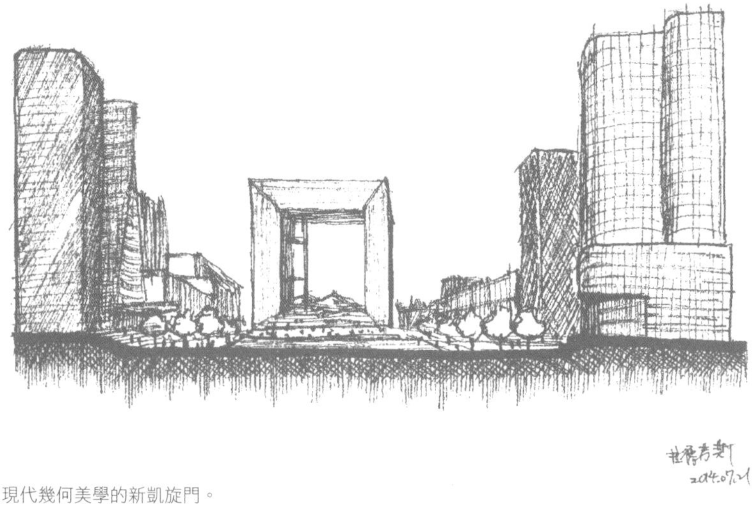

現代幾何美學的新凱旋門。

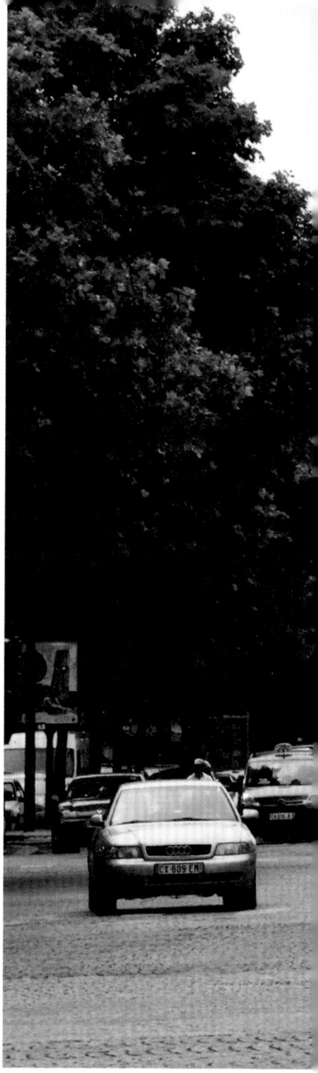

一路向西北延伸到新凱旋門。

塔。唯一的可惜，吹過來的風不是咖啡香，而是不時聞到的尿騷味，雖然本來就已經做好心理準備，不至於太失落，但是與眼前美景相比，還是有些殺風景。

香榭里舍大道，是我探索巴黎的開始。巴黎，下著雨的朦朧，身旁的雨中即景，高掛天空的迷人彩虹，都是值得回憶、不斷回味的見面禮。

雨後劃過天邊的彩虹。

法國・巴黎艾菲爾鐵塔

GPS: 48.858389, 2.294552

艾菲爾鐵塔的結構美學。

某日傍晚時分，我不急著回去，拎著一盒沙拉，一個人走到艾菲爾鐵塔旁邊的草地上，欣賞鐵塔壯麗且帶有細緻的線條，看著它吃晚餐。渴望成真的心願，已經放了好久，好久，好久。

艾菲爾鐵塔在我心中是不可撼動的地位，誇張一點說，它是鼓勵我走上設計這條路的起點。如今，坐在這座美麗鐵塔前，又讓我回想起這段往事。

我國中的國文課本，沒什麼課堂重點，總是一堆亂畫的塗鴉，其中一頁，就畫著巴黎鐵塔。無意間，被我的理化老師發現，她沒有罵我，反而說我畫得很好。對於國中的我來說，第一次因為課本的塗鴉被讚美，而不是被責備，內心得到莫大鼓勵。後來，當我思索自己未來想要做什麼時，這位老師的讚美再次在我心中響起，也讓我堅定走上設計之路。因為這段故事，我也總是鼓勵來聽我演講的大學生：我們不知道一句讚美能在別人心中留下多大的能量，但是很顯然的，的確會為某些人帶來改變一生的信心與能量。

找了個草坪上舒服的位置，坐在艾菲爾鐵塔前，此刻仰望的鐵塔不再是照片，而是如假包換的在眼前，當下說不出話，此時無聲勝有聲。

走到鐵塔正下方，望向高聳塔頂，從上面看出去的巴黎，是

揭開巴黎浪漫的光簾。

仰望艾菲爾鐵塔。

我夢寐以求的風景。但是，就像我曾經站在大阪通天閣下方一樣，最終我選擇不上去，而是轉身離開。想像總是珍貴、總是美好，離開不代表沒有憧憬，而是刻意留下遺憾，我希望給自己有一個再回巴黎的理由。

夕陽西下，艾菲爾鐵塔更加風情萬種，綻放耀眼燈光。周邊抬頭仰望的眾人，眼神間無不流露出一股幸福，嘴裡無不發出一聲驚嘆。我也抬著頭，凝望它的曲線，用筆畫下一切，這是我離艾菲爾鐵塔最近的距離。

滿足了，終於捨得起身離開。迎著夏天涼風，騎著腳踏車在巴黎街頭穿梭，晚上車不

艾菲爾鐵塔的結構美學。

多，可以騎得輕鬆，可以騎得自在。唯一美中不足的，就是看似美麗的小石頭馬路，顛簸的程度可比擬在台灣的馬路。

經過一處小圓環，好幾條放射狀的道路相會。當視線正隨著圓環變換之際，突然，眼前閃過了金色光芒的艾菲爾鐵塔。再次偶然相遇，邂逅在人煙稀少的街頭，當下心情實在難以言喻。我像是被催眠般，駐足欣賞，在接近午夜的時分，欣賞夏日巴黎的一個人夜景。

這一個傍晚，這一個午夜，與艾菲爾鐵塔的對望與對話，美得不像話。

深夜巴黎街頭的浪漫邂逅。

巴黎街頭仰望艾菲爾鐵塔。

法國・馬賽公寓

GPS: 43.261314, 5.396224

馬賽公寓一樓挑空的停車區。

馬賽公寓（Unité d'Habitation），為現代主義建築大師柯比意（Le Corbusier）在面對二次大戰之後，具體提出大量解決人類住宅需求的代表性作品。從建造至今已經超過一甲子，仍然是馬賽的代表性地標，更是來到馬賽，必到的朝聖之地。

一樓挑空作為開放空間，建築物內設立商店街提供生活所需，住宅單元東西向採光，屋頂設計公共休閒設施。這些現代人聽來習以為常的生活樣貌，卻是全世界各大都市在解決二戰後城市重建，以及戰後嬰兒潮的龐大住宅需求中，被奉為圭臬的精神象徵。

不過，這棟偉大建築背後的思考，解決了二十世紀的問題，但卻很有可能成為二十一世紀需要被解決的問題（大量RC建築物的碳排放量）。畢竟沒有一套理論可以永垂不朽，人們的思維與決策也往往會受到當下的時空背景影響，所以更應該鑑古知今，與時俱進，朝著未來不斷進步。

不得不佩服，這棟已經超過一甲子的住宅大樓，即便電梯的升降讓人有些膽顫心驚，但是它仍然被保存得相當完好。遠遠看著它，屹立在一片公園之中，此刻它仍是容光煥發，更可想見六十年前它的意氣風發！

上到屋頂，才明白大師的設計思考不只有內在機能，也涵蓋

歷久彌新的馬賽公寓外觀。

頂樓公共空間泡腳池。

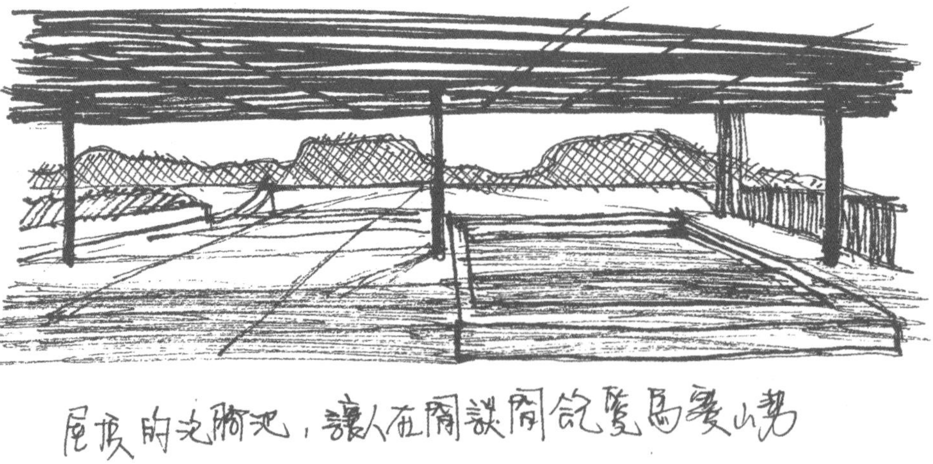
屋頂的泳游池，讓人在閒談間飽覽馬賽山勢

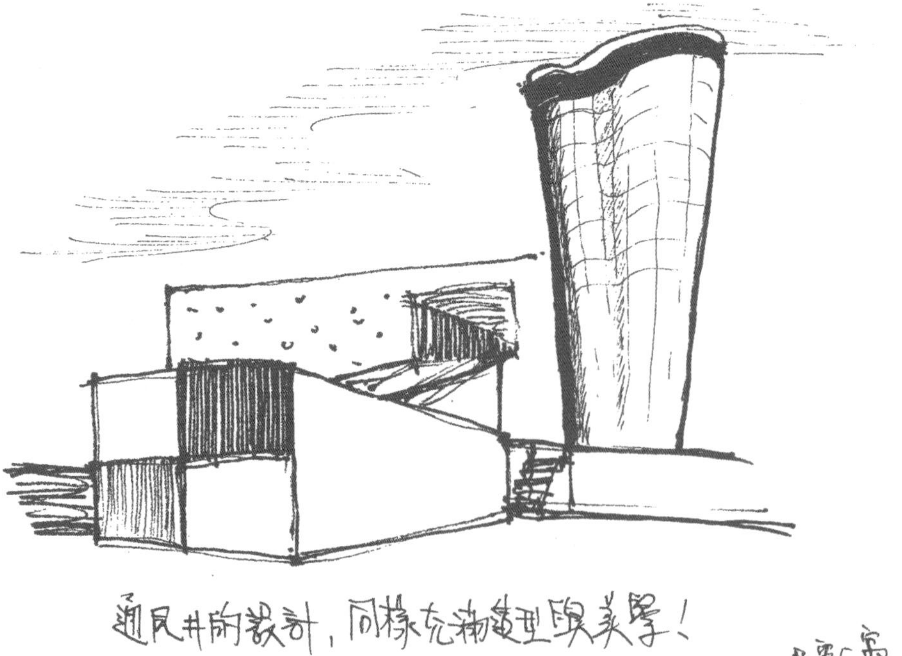
通風井的設計，同樣充滿造型與美學！
馬賽公寓

馬賽公寓頂樓設計速寫。

外部環境。屋頂兩側的曲牆通風口，吸引目光，時至今日仍覺得造型前衛。建築物軸線採南北向配置，但是為何在南側配置休閒座椅與泡腳池呢？原來從這個角度，可以飽覽周遭山際線。在柯比意一切符合「維度」的比例原則概念下，即便是坐著泡腳，人的視線也能一覽無遺地望向遠山，不受干擾。這就是設計高明之處，只能親身體會，再多的描述，都不足以精確形容！

馬賽公寓有九成以上的建築外觀，都是混凝土脫模的粗獷質感，僅有不到一成的面飾材料，利用有色磁磚裝飾。原來，有好多柯比意六十年前所選擇的磚，都在台灣近五十年間，不同時期的房子中出現過。諷刺的是，同樣的材料，台灣貼上這些磚的樓房至今已顯老氣，但是馬賽公寓仍顯新潮。回到公寓內的樓層間探索，曾經，被認為是神來一筆的大樓內購物商店街，至今仍然是整棟公寓生活的重要空間。透過外遮陽設計，讓時間和日光角度的對應關係，成為一場光影遊戲，並同時與內部仍有活力的辦公商家互相呼應。即便六十年後來到這裡，我內心仍然不免發出一聲驚嘆！

特地前來，當然不想空手而回。即便不會說法文，我也仍然硬著頭皮，嘗試隨機按住戶的電鈴，看看是否有入內參觀的機會。我很幸運，選到的住家會說英語，剛搬來一個星期，所以一

曲面變化的大樓排風口。

切都在整理。事實上，內部格局早已跟六十年前的原始設計大相逕庭。不過無傷大雅，對我來說，有幸入內參觀，已經不虛此行。

直到夕陽西下，我才走出馬賽公寓。西斜的太陽，讓混凝土模板的痕跡更顯立體，這時我才赫然發現，原來柯比意在粗獷水泥表面的設計如此用心。混凝土脫模作為完成面，並不敷衍了事，而是在考慮整體建築物尺度感之後，做出適當分割比例，甚至利用模板自然紋路，創造出富有變化的方向性條紋質感。

轉過身，再一次在牆角上看著科比意著名的人體比例維度圖形，重新思考一遍整棟大樓觀察下來的人體尺度關係。陽光下的這一刻，感受甚多，希望自己未來的每一個設計，也能盡量思考得如此細微。

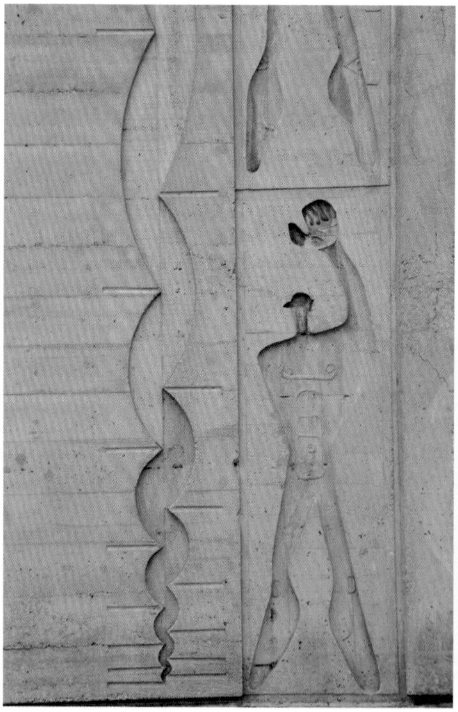

建構柯比意比例基礎的維度模矩。

光影下看出模板排列的深思熟慮。

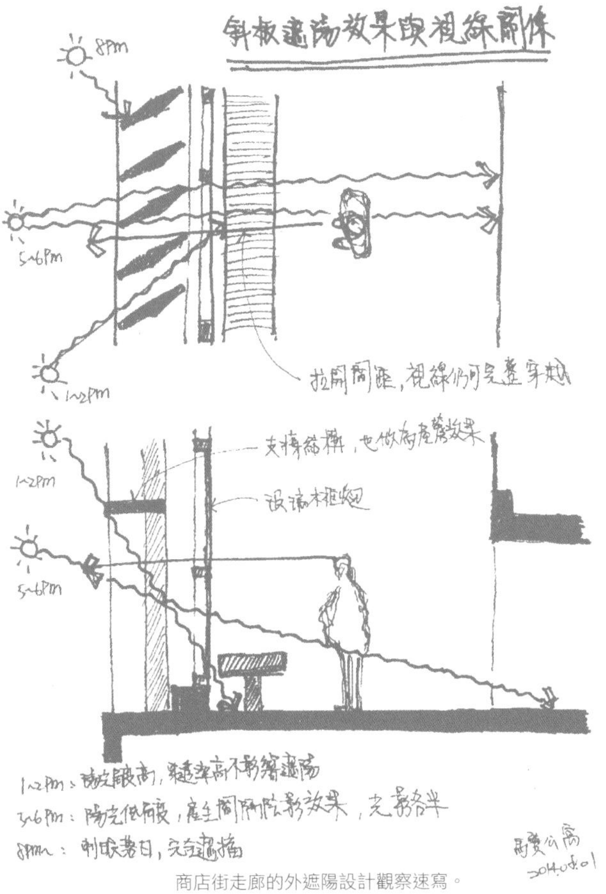

商店街走廊的外遮陽設計觀察速寫。

公寓內部的商店街走廊。

法國・廊香教堂

GPS: 47.704476, 6.620668

廊香教堂外觀速寫。

來到法國東部，一個靠近德國南部與瑞士的小鎮—貝爾夫特（Belfort）。正是為了朝聖科比意的另一個代表作品，廊香教堂。

這趟朝聖路程不輕鬆！廊香（Ronchamp）是個鄉間小站，當走下火車，根本感覺不出這是一座車站。緊接著，長達半小時不間斷的上坡路，好不容易來到山頂，才在濛濛細雨和雲霧繚繞的山林間，第一次與廊香教堂相遇。

親身經歷的感受，絕非任何圖片或文字可以比擬。細細品味觀察，我更驚嘆廊香教堂可以如此玩弄混凝土，如此拿捏形塑光線的比例。

最大的震撼，在踏進教堂空間的第一步，同時感受到周遭寂靜的黑暗，以及眼前著名彩色透光開窗的豐富。極其強烈的反差，讓人瞬間靜心，緩步往教堂內部前進。

從陰暗中感受光線不同方向的變化，瞬間心領神會柯比意大師如何玩光線。

最吸引目光焦點的應是南面彩色透光牆。靜坐於教堂內，我終於明白為何這面牆要刻意傾斜？在順應陽光角度照射下，光線穿透進室內，開窗的開口也逐漸放大；就因為這面牆的傾斜角度，所以光線進入室內是直射，而不是折射。因為是直射，所以會讓人感覺與光線的距離更接近。更因為彩色透光玻璃，讓色調

坐看廊香教堂。

南面彩色透光牆，太陽直射穿透彩色透光玻璃後，溫暖了室內的清冷色調。

偏冷的教堂內部空間，因而增添暖色調的語彙溫暖人心。

另一個視覺高潮，來自於西南角的高塔，教堂的最高點。這裡的採光面向北方，沒有光線直射問題，因此開窗的造型與面積，顯得格外大膽精細。當光線進入室內，沿著高塔內弧形牆面向下反射，逐漸到達地面，那種與天光融為一體的柔和，讓我瞬間明白，原來光線被導引進入室內的過程可以如此細膩。

若要特別指出教堂內哪一道光線最具張力、最具視覺效果，那莫過於教堂屋頂與牆壁脫開的那道縫隙。這道縫隙，除了可以藉此通風對流，更大的視覺效果，是它讓光線從縫隙間撐起一片天，讓上方的大屋頂像是懸浮一般，輕盈地安置在教堂上方。

除了光線的諸多魔法，廊香教堂的多變混凝土也讓人著迷。什麼時候採用光滑表面？什麼時候採用顆粒質感？無一不是精心設計。

讓光線進入室內之後不單調的原因中，扮演極其重要角色的，是牆面上起伏不平整的顆粒。因為在光線灑落間，顆粒能創造明亮與陰影的豐富立體變化，增加光線濃淡的層次，讓光線的存在感更真實。

教堂內部的凝望。

昏暗中，光線的透射充滿力量，光的縫隙讓屋頂具有懸浮感。

牆的斜度，讓光線透射更直接。

塔頂光線反射的質感。

大屋頂平整圓滑，保留水泥本色，在室外，除了可以呈現出對比白色牆體的不同質感之外，當光線從屋頂下方的縫隙進入室內時，會使柔弱的光線在圓滑的屋頂均勻反射，使室內的光線雖然昏暗，但不至於讓人昏沉。

除此之外，圓弧大屋頂其實也是創造有趣收水效果的另一個表現。凡事講求比例的柯比意，連落下的雨水都必須「分層次、講秩序」。教堂西邊的屋頂低點，是一個造型特殊的收水嘴。從這裡流出屋頂匯聚的雨水，不隨便流入地面，反而落入地面另外設計的一個造型水池。落下的雨水，都會先進入圓管造型的收集口

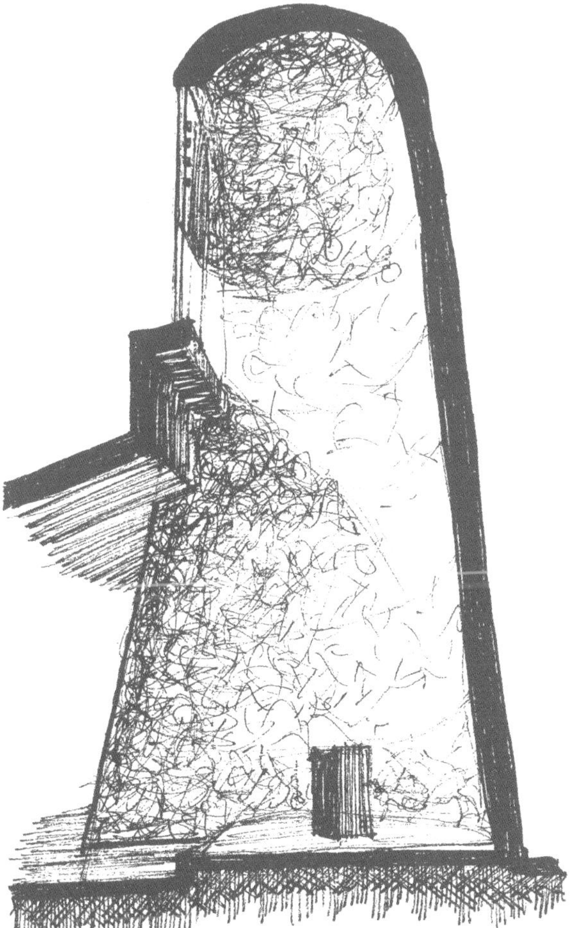

教堂高塔的反射光線變化。

2014.07.30

內，到達一定水位，才透過管壁旁開口，流入外圍大池。同樣的邏輯，大池的水也是到了一定水位才流出排水口。這一系列過程，讓柯比意的設計，連雨水都能有一定的規則與高度比例，獨立形成一個小秩序。

我很幸運，探索廊香教堂的這一天，有陰天、有下雨、有陽光、有陰影。我沒有浪費任何一種天氣，充分地在教堂的內外，頻繁地感受每一處細微變化。每一種天氣，產生不一樣強度的光影效果，都是一堂不同感受的課。

廊香教堂，曾經只是一座看到照片，就一定叫得出名字的建築物。如今，透過接觸、撫摸、觀察、描繪，它也終於成為滋養我設計生命中的重要養分。

我來、我看、我感受。我歸、我憶、我回首。

收集雨水也要講求層次、秩序。

間接光線帶來的祥和。

義大利・威尼斯藝術學院

GPS: 45.437765, 12.321822

威尼斯藝術學院大門。

在威尼斯（Venice）蜿蜒巷弄一隅，藏著一處大師級設計作品。沿著大小運河穿梭前進，費了好一番功夫，當它不經意地出現在街角，讓我又驚又喜。這裡是威尼斯藝術學院（Accademia di Belle Arti di Venezia ,Venice），一個由義大利國寶級建築師卡羅・斯卡帕（Carlo Scarpa）設計的入口大門。

雖然現在已經是電腦時代，但是每一位學習設計的學生，仍然都得經歷圖桌、平行尺、光桌、三角板的熬夜記憶。當這些元素被重新解構再組合，作為一處代表藝術學院的入口，會是什麼樣貌？打從我第一次認識這個設計，那份想要親自造訪的心，從未間斷。

斯卡帕的設計細膩度，與高第相比，可說是伯仲之間，但是彼此在感性與理性的表現效果上，呈現出截然不同的風格。高第的設計雖然材料多元，但是至少都可以在施作過程中，一邊討論，一邊修正，師傅也能比較容易有想像的畫面。在斯卡帕的設計中，則強調從圖紙上開始，就必須要有清楚的邏輯，因為很多細節在施工組裝模板時就已經決定。在他的設計裡，對於模板效果要求之精細，相信在當年施作過程中，絕對讓師傅傷透腦筋。真實的質感，非得要親自走這麼一遭，才能深刻體會。

建構威尼斯藝術學院大門的元素相當單純，只有混凝土、金

威尼斯藝術學院大門立面速寫。

角度之間彼此變換交錯的大門細節。

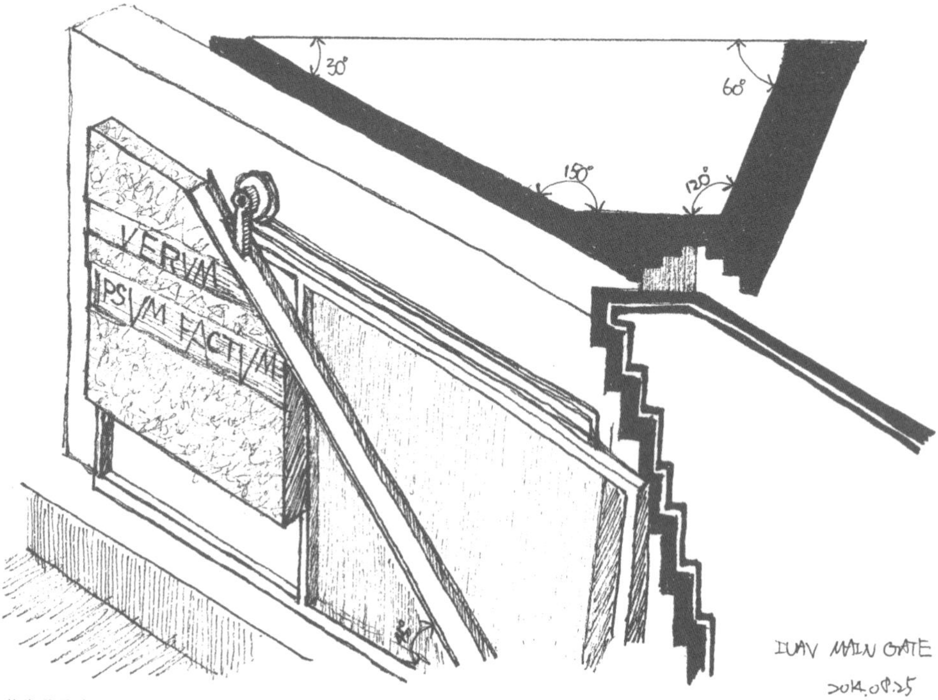

藝術學院大門的角度魔力細節。

屬方管、L型折板、清玻璃以及質感多元細膩的石膏板。透過大師的思考與安排，這些元素被嚴謹地排列組合，經由規線的相互牽引，所有元素各得其所。在視覺比例上，達到最平衡的秩序美感。

就像是在圖桌上畫圖一般，垂直、水平的線條建構了大門右側的牆面圖騰。四十五度的L型折板線條，從門邊斜上左上角，整合眾多元素，既分隔清玻璃，也界定石膏板邊界。沿著四十五度線，人們視線會停留在醒目的石膏板上，用不同的質感刻劃的學院名稱。平行尺往上推一些，再畫出一條水平線，增添畫面上方的線條感。唯一的圓，宛如固定平行尺的旋鈕，象徵性地固定在軌道上，讓畫面達到動態平衡。呈現三十度與六十度的屋頂，懸空浮在牆面之上，既取得平衡，又展現一股寧靜力量。延續屋頂斜面的三十度線，向內延伸進大門內院，緩坡向下，牽引人們前進的動線，也創造一個可坐的平台空間。

藝術學院刻字石板的細緻質感。

大門仰角一路向下延伸進入室內。

還沒踏進大門，身邊已經被這麼多充滿秩序性的線條圍繞。前院內，一處平放的門框雕塑，更是在斯卡帕的複雜秩序中，呈現更為繁複幾何形體的小休息區。

這段路程，不過短短二十公尺，但是在真正踏入藝術學院之前，彷彿所有身心靈感官，都經歷一次全方位洗禮。

這段親身經歷的體驗，讓我多了一份反璞歸真的思考。現在大家都是在用電腦做設計，呈現出來的複雜曲線效果，絕對不是傳統平行尺或三角板所能比擬，但是這段體驗過程，卻讓我回想起一開始單純拿著筆，趴在圖桌前製圖的那份純真，還有不小心畫錯而懊惱的種種畫面。

也許，這樣的詮釋加入了太多主觀解讀，但是，屬於一份單純的設計「初心」，的確充滿腦海。來來往往，從威尼斯藝術學院畢業的學生如此多，在他們求學階段，有機會每天在大門進出時，重新沉澱心情，回想自己的「初心」，多麼珍貴。

內外空間在角度秩序下取得平衡。

將門樓平面放置後的水池。

懸挑留下的空隙，充滿力量。

重複的秩序美感。

義大利・羅馬萬神殿

GPS: 41.898610, 12.476858

萬神殿外觀。

在尚未去過萬神殿（Pantheon）之前，偶爾看著介紹文字「圓頂內直徑四十三點三公尺，穹頂圓洞八點九公尺」，猜想著究竟這些冰冷數字，代表什麼樣的空間？

在日本看著安藤先生的建築，知道對於光線的感動，也是他曾經在義大利重要的感受。究竟光線的灑落有多麼神聖的效果？這些疑問，是我在羅馬最想知道的答案。

欣賞萬神殿最完美的時間點，我認為和欣賞巴黎的橘園美術館一樣，都要挑選晴時多雲的天氣，才能在強光和陰影之間，強烈體會豐富的光線變化。

萬神殿坐南朝北，軸線有一點點的偏向東北方，所以陽光穿過圓頂灑落，正好照射在大門前的時間，會落在十二點半到一點之間。刻意地在旁徘徊，等待適合的時間踏進去，為的就是深刻地記住光線在我行進間產生的變化。

穿過陣仗宏偉的入口門柱，眼前是兩扇沉重的大木門。光線已經顧不得我說這麼多，早早灑落在地，在眼前形成一道光簾。彷彿是一道瀑布，從圓頂宣洩而下，穿越的人們像是走進水濂洞，非得要穿過光瀑，才能發現背後別有洞天的世界。

瞇著眼，穿過直射而刺眼的陽光，真正踏進萬神殿，那份夢寐以求的奇幻，緊湊而華麗的展開。剎那間，剛剛走過強光的雙

逐層向上的室內大圓頂。

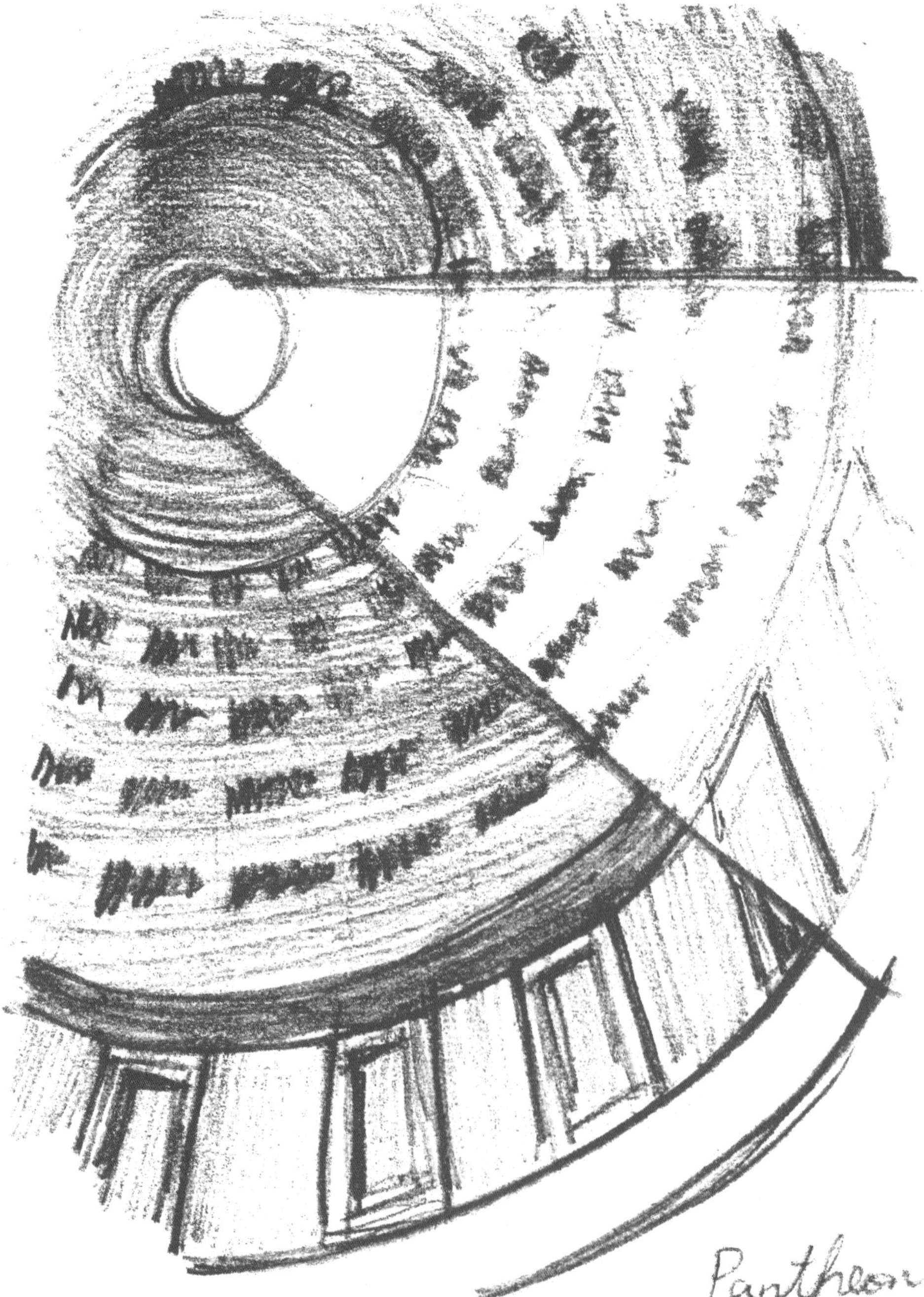

描繪萬神殿內的光線穿透力。

眼，讓眼前一片灰暗，還在慢慢適應，而我緩緩抬起頭。萬神殿內的空間，隨著眼睛漸漸適應室內的明亮度，一層，一層，再一層，順著柱列往上爬，最後凝結在上方開口的穹頂，一覽無遺，盡收眼底。這就是屬於萬神殿的光線奇幻？即便我先前已無限猜想，但親身經歷時，才真正叫人難忘！

我就這麼不停地仰著頭，感受晴時多雲的光線變化。陽光直射時，強烈的光線對比，會讓穹頂周遭格外昏暗，突顯出那道強而有力的光束。偶爾飄來一朵雲，強勢的光束瞬間柔和，原本昏暗的穹頂，也突然因為均勻的漫射光變得稍加明亮。光線和陰影，在一次又一次的變化間，讓我更加深刻地明白萬神殿如何創造空間的神聖感。

在這棟已經有一千八百年歷史的建築物裡面，看著頭頂如此寬闊的混凝土穹

萬神殿最具張力的光線效果。

頂，深深敬佩古羅馬人的智慧與工程巧思。看著環形柱列上方那五層漸漸縮小的方格凹槽，除了本身具有減少穹頂重量的功能之外，更重要的，是它利用了陰影與視覺落差的變化，拉伸穹頂的高度，更加強化了空間立體感。

對於萬神殿的最基本認識，就是內部空間可以畫出一個直徑是四十三點三公尺的圓。如此精準又細膩的計算，讓萬神殿的聲音反射效果出奇得好，隨便拍手都能產生巨大回音。但也就是因為如此，隨著萬神殿內人潮眾多，很容易產生嘈雜噪音，因此館方不斷地播送四國語言，請每一位遊客安靜。可猜想效果一定不會好，與其這樣，還不如學習芬蘭赫爾辛基的岩石教堂，播放柔美輕音樂，既能淨化人心，又比較容易使大家安靜。

萬神殿因為是免費入場，所以在羅馬的每一天，我會在不同的時間點，刻意繞回來，感受不同時間的光線變化效果。甚至，當光線要結束一整天在萬神殿內的揮灑時，我索性仰著頭，全程感受，體驗這份截然不同的「日落」。

在萬神殿內的每一刻，一直都有想與旁人討論分享的衝動，但是身旁的人來去匆匆，拍完照就離開，沒有幾位真正放慢腳步，靜靜感受萬神殿光線的細緻變化。我始終只能把無數感動的吶喊，留在心中。

光影經過萬神殿的軌跡。

Take Q there!

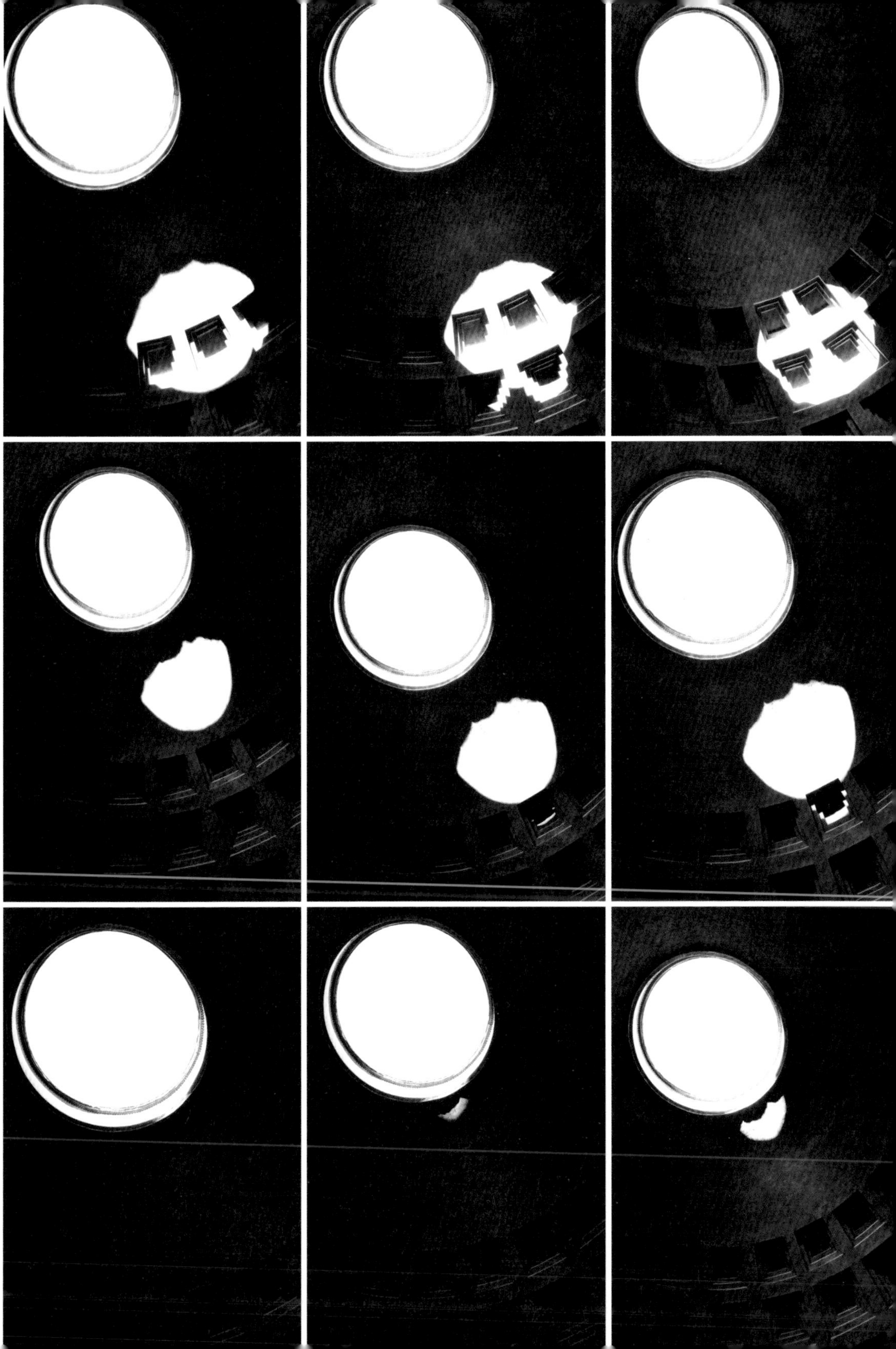

梵諦岡・聖彼得大教堂

GPS: 41.902209, 12.453897

遠眺梵諦岡廣場。

稱它為一座廣場，但是卻擁有自己的主權；說它是一個國家，但是進出往返又顯得輕鬆自在。梵諦岡（Status Civitatis Vaticanae），一個伴隨著天主教發展，在西方歷史扮演舉足輕重角色的重要國家。

如果說，大清早起床加入長長人龍，只為了看一眼西斯汀禮拜堂內部壯觀震撼的壁畫，絕對是一生值得的。

在梵諦岡博物館內，跟著參觀動線上下穿梭，經過一條狹窄走道後的一個轉彎，一時間還會意不過來的同時，牆壁與屋頂上，那鮮豔又五彩繽紛的油彩，已經開始衝擊著視覺感官。原來，這就是親眼看見米開朗基羅（Michelangelo）在西斯汀禮拜堂壁畫的感覺！壁畫的距離好遠，遠到肉眼其實看不清楚，但是一格一格隨屋頂結構區分的精彩畫作，仍舊驚豔。無視身旁萬頭攢動的嘈雜，棲身在一處角落，配合語音導覽，津津有味地聽著故事，仰頭欣賞眼前壁畫，捨不得低頭。

作為天主教信仰中心，梵諦岡最負盛名的聖伯多祿大殿（Basilica Sancti Petri）前的橢圓形集會廣場，像是張開懷抱的雙臂。讓我陶醉的，是這座廣場無懈可擊的橢圓形精準放樣。何以在幾百年前的人們，可以如此精準？如何完美掌控橢圓平面與高程之間的關係？光是這一點，足以讓我在廣場上徘徊數次、端詳許

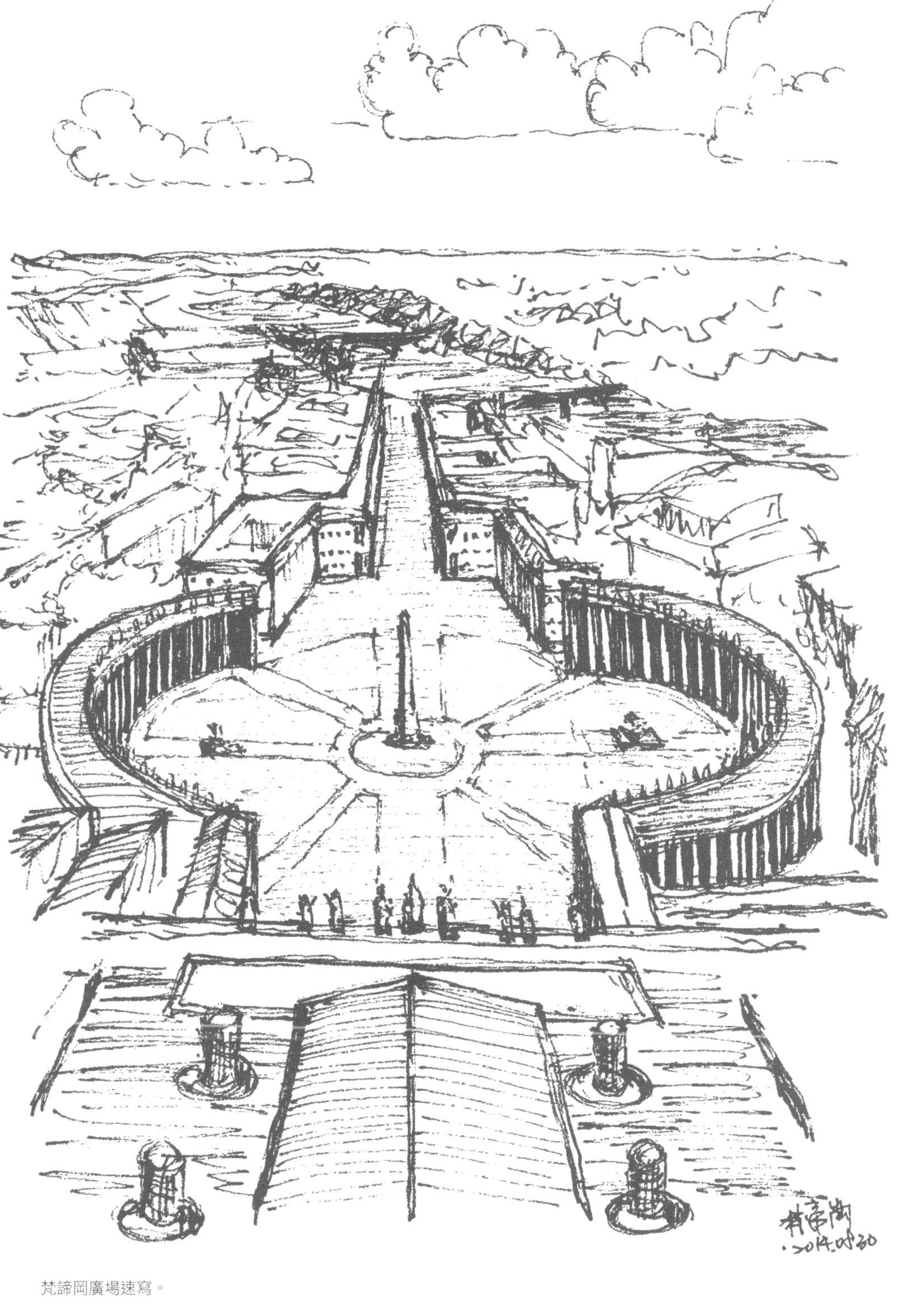

梵諦岡廣場速寫。

久、流連忘返。

廣場上向心狀發散的圖騰，不只是造型，同時也是廣場的排水線。廣場正中央的方尖碑，除了是神聖象徵，更重要的是在它底部的側面開孔，肩負著吸納來自廣場四方排水的重責大任。看著橢圓形廣場被巨柱環繞，地面又以緩坡向中心下降，這座廣場在細部處理上的美，是感受空間壯闊之餘，另一處值得留心欣賞的先人巧思。

踏進聖伯多祿大殿（聖彼得教堂），我以為在看過高第的聖家堂之後，再也裝不下其他大教堂的感動；但終究是天主教教堂的最高等級之作，這座後來重修的羅馬式大教堂，仍然利用著它的高聳與華麗裝飾，在步移景換之間，驚豔感官。尤其是教堂最深處的教宗大椅，誇張又驚人的尺度，華麗又細緻的雕工，連紫禁城太和殿內的皇帝龍椅，或是凡爾賽宮內的國王寶座，都無法與之媲美。

除了教堂內的壯觀，居高臨下欣賞的羅馬更是不能錯過。踏著不斷迴旋的階梯向上，側身穿

遠眺梵諦岡廣場。

梵諦岡博物館的旋轉樓梯。

聖彼得教堂內的華麗大殿。

越過教堂雙層圓頂間的夾縫，爬得上氣不接下氣，總算爬上塔頂，飽覽一望無際的羅馬風光。從塔頂望出去的羅馬，無疑是驗證實與虛（Figure & Ground）的最佳寫照；建築物圍塑的邊界代表「實」，道路與廣場構成的空間代表「虛」，兩相呼應，成就羅馬數千年來的縝密。

離開梵諦岡，沿著橢圓形廣場前的中軸線大街，向台伯河前進，放空的腦袋享受旅行的最後時光。不經意抬頭望，看見的不是別的，正是駐梵諦岡大使館上那面隨風飄動、迎風飄揚的國旗。

風不停歇地將國旗吹向東方，撥動踏上歸途的心弦。看著國旗，帶著微笑，回味四個月精彩豐富的生命經歷，無盡感恩。

聖彼得教堂內的華麗大殿。

聖彼得教堂內的光線穿透美感。

隨風搖曳的國旗，飄向家的方向。

梵諦岡禁衛軍。

04

博物館這樣更好看

PECKHAM
37
GWR
XC 8059

冰島／Golden circle
瑞典／斯德哥爾摩
丹麥／哥本哈根
英國／
倫敦・曼徹斯特
法國／巴黎
西班牙／巴塞隆納

LONDON
2014.06.22

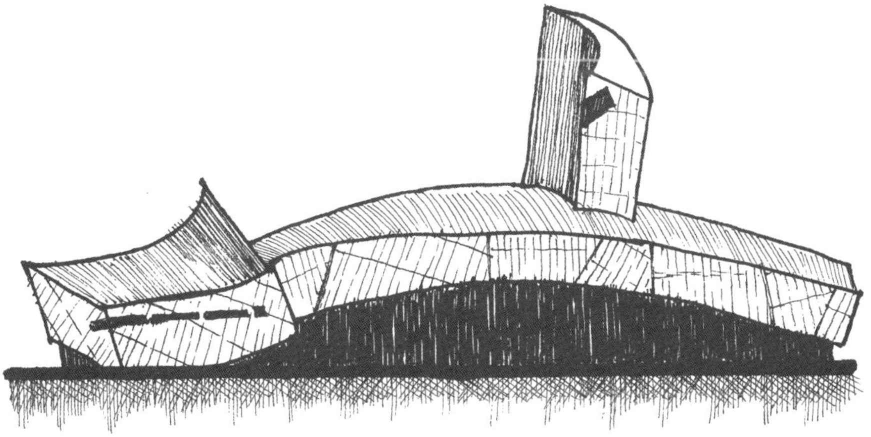

2014.07.03

丹麥・哥本哈根
路易斯安納現代美術館

GPS: 55.969207, 12.542321

巧遇好心老爺爺的鄉間小路。

搭乘火車離開哥本哈根，沿著海岸線一路向北，穿過無數小村莊，也與好幾棟童話故事般斜屋頂樓房擦身而過。火車緩緩靠站，來到海邊一處名叫呼倫貝克（Humlebaek）的小鎮。探索一處超乎想像、精彩絕倫的路易斯安納（Louisiana）現代美術館。

前往美術館的路上，一位老爺爺迎面而來，叫住我說：「你是要去美術館嗎？」我還沒反應過來，他竟然就塞給我他手上的票，興奮地跟我說美術館很棒，便笑容滿面的離開。我也笑了，因為這趟旅程中，我再一次遇見好心人！

不枉費老先生的好意，意外得來一張免費門票，讓我在美術館裡看得特別認真！

路易斯安納美術館，本來只是一棟私人別墅，一棟坐擁山邊高點，飽覽海景的私人庭園別墅。後來，別墅輾轉由丹麥一位藝術品收藏家所購置，在不破壞原來建築布局、庭園老樹的原則下，進行一系列增建。改建之後則設立美術館，對外營業開放。由於它的展示空間經過設計巧思，與周遭環境完全融合，讓人可以在自然與人工之間，不斷交錯切換地欣賞藝術品，因此大受歡迎。

不起眼的大門，延續著曾經是私人別墅的低調，完全無法想像裡面如此別有洞天！這間現代美術館出神入化般地操弄著空間

延伸望向對側玻璃廊道外的枝影。

蒼勁百年大樹雄據一隅。

蒙太奇，讓人彷彿置身「一步一景，轉身藝品」的絕美意境。

參觀這座美術館時，順著館藏陳列與空間節奏，可以想像自己是一個悠遊五線譜上的音符。依循著空間序列，感受一段獨一無二的藝術盛宴。我試著將過程轉化成文字，從紙上再次徜徉美術館的藝術與空間典藏之中。

踏進，幾張包浩斯極簡大方的方塊圖畫，視線深深被吸引。穿越，暗牆在側，視線順勢導引，延伸望向對側玻璃廊道外的枝影。前進，成排擺設的現代畫作，伴隨自然風景，前後推移，並行而進。轉身，一棵枝幹蒼勁的百年大樹，如龐然大物般占據視線，寧靜地雄據步道彎角，非得退後個幾步，才能看清。回頭，已身處一區偌大的下沉展示廳。前行，身邊少了畫作藝術品，雕像此時也退出戶外，它向後退，你向前進，始終保持在完美的觀賞

非得退後幾步才能看清百年大樹。

距離。轉彎，一陣涼風迎面，不經意已從玻璃門吹進；還來不及反應，窗外花香已經吸引嗅覺，拉著你前往另一區的戶外藝術品。過門，再一道暗牆，夠長，足以整理思緒。踏出，光線再次成為主角，連續的木格柵重新界定空間，前景交錯藝術品，遠景呼應窗外，連片湖面波光如鏡。駐足，享受此刻人工與自然美景的相互輝映。回神，另一側，色彩大膽的畫作形成強烈對比。徐行，昏暗的咖啡廳，飄來迷人香氣，再次暗示接下來的驚喜。釋放，不再是藝術品，水平向度無限延伸，一望無際波羅的海海景。

坐在望向大海的草坡上，回味這一段特殊的藝術品遊歷過程，更加能感同身受，路易斯安納美術館對於自然與美學融合的手法與精神。

這段特殊遊歷，不枉費丹麥最受歡迎美術館的美名，實至名歸。

昏暗的咖啡廳，飄來迷人香氣。

戶外雕塑始終保持完美距離。

路易斯安納美術館速寫。

線條簡單流暢的室內空間。

帶有藝術感的建築物立面語彙。

一望無際波羅的海海景。

瑞典・斯德哥爾摩瓦薩沉船博物館

GPS: 59.328132, 18.091339

瓦薩沉船博物館外觀。

十七世紀時，瑞典有位國王，下令造一艘大戰艦瓦薩（Vasa）號，準備啟程航向海洋。不巧，船身重量配置出了問題，大砲過重，所以才第一次出航就沉沒。沒想到，瑞典人竟然大費周章把它重新打撈上岸，並且專門為這艘船蓋博物館。瓦薩沉船博物館，就是這樣誕生的。

親臨這座博物館，最深刻的感覺是，瑞典國力持續精進不是沒有原因。正視曾經失敗的原因，轉變成教育的重要資源。認真把事情做到超乎想像，才有辦法創造更多可能。

整座博物館是先有沉船，才在外圍包覆一棟新建築物。外觀上，給人的第一印象，依然是艘意氣風發、造型俐落的船艦造型。博物館內部的光線則刻意昏暗，讓眾人可以將視線全部投射在尺度懾人的沉船遺跡上。進入大門，空間從刻意被壓縮延伸，到全部被釋放，眾人皆須抬頭，從船底不斷地伸長脖子，向上仰望直到軛桿頂端。那種張力，瞬間勾起我渴望了解沉船原因的好奇心。

參觀博物館的方式，打破傳統，非常具有創意。不同樓層的介紹，直接對應身旁大船在各層船艙的功能，從艙底到軛桿頂，從船頭到船尾，鉅細靡遺。所以，雖然視覺焦點仍是戰艦沉船，可是身旁體驗的空間卻是打造出來的模擬場景，讓人藉由臨場感

沉船永遠是空間中的主角。

瓦薩沉船博物館特殊的展覽分層方式。

圍繞沉船的展覽空間。

呼應帆船意象的展示空間設計。

十足的體驗，身歷其境。很多海洋類博物館，雖然陳列眾多的船艦模型，但是都沒有像瓦薩博物館這種空間相對應的參觀方式，更能讓人感同身受。這也是我喜歡看博物館的原因，因為總是可以透過欣賞，知道別人如何思考事情，並且轉化成何種藝術型式來呈現給觀眾。

假如沉船是一種恥辱，那該如何記取教訓？這就是教育重要的地方。博物館中有一區專門講解沉船原因，並透過許多裝置和小朋友互動。透過故事，讓小朋友明白物理上有關平衡和浮力的觀念。搭配電腦模擬，讓小朋友嘗試配置自己的船，並且模擬海風吹拂下的真實情況；如果沉船，電腦還會直接分析原因讓小朋友知道，並且鼓勵再試一次。有趣的互動裝置，別說是孩子，一堆大人也玩得不亦樂乎。這些看似玩樂，實則富有深刻意義的教學，不正是「做中學」的典範嗎？

如果一艘沉船，能延伸出這麼多意涵，那不枉費它首航就沉沒的悲淒。不過，事在人為，今天要是在台灣，我們如何面對？想必，一陣互相指責後，等風頭一過，接著不了了之吧。

拉長縱身感受沉船的尺度。

冰島・天然壯闊的地質博物館

火山旁的旺盛生命力。

冰島真不愧是「冰火共存」的美島。沿著環島公路一路前行，壯闊多變的火山地形，以超乎尺度的造型一路綿延著。幾座地圖上長年冰封的山頭，即便在夏日，仍然呈現一片雪白。

跟著公路上坡、下坡，起伏間感受火山噴發對這個國家地形造成的永恆印記。身邊的火成岩顆粒，不斷堆疊，在黑色大地上，有些被綠草漸漸覆蓋，長滿魯冰花。遠方，噴發後經過數千萬年的大角度斜坡，能看見大自然的韌性，成就幾乎不可能存在的草坡。二〇一一年冰島火山爆發造成歐洲航班大亂，此刻從其山腳下經過，看著才冷卻成形的黑色熔岩，不得不對冰島豐富多變的地形，心生敬嘆！

金圈（Golden circle）是冰島眾多行程中，最受歡迎的項目之一。其中，包含一段落差極大的黃金瀑布、霧氣蒸騰的間歇泉，以及徒步走在歐美板塊交界處的斷層之間。

瀑布的驚天動地，讓人在大老遠就聽見怒吼的波濤，有如萬馬奔騰、雷霆萬鈞的強大水流，絲毫不客氣地宣洩而下。被斷層切割的地形，並不單調，反倒像是一座旋轉樓梯，拉開兩道縱深，強化震撼的力道。還來不及靠近，飛濺在空氣中的水氣，已弄得滿臉全溼，非得讓人瞇著眼去領教大自然的高調。那不成比例的尺度感，無須誇飾水流的強勁，就已經讓人顯得無限渺小。

冰島壯麗地形速寫。

魯冰花永遠是冰島最有顏色的代表。

眼前才看見狂瀉而下的流瀑，轉眼間又湧入另一層無法回頭的深淵。峭壁中的峽谷，像是一口深不可測的無底洞，任憑狂濤如何傾瀉，都能將大水吞噬殆盡。

可惜冰島天氣多變，晴時多雲偶陣雨，許多壯闊只能心領神會，無法留下紀錄。就像是電影《白日夢冒險王》所說：「最美的風景不一定要按下快門。」眼前所見的壯闊，純粹用敬畏的心境，領受大自然的鬼斧神工。

最讓我期待的，是充滿地熱蒸氣的間歇泉。回想起之前痛苦地準備托福考試，三不五時都要唸到有關美國大峽谷的文章，總是對「geyser」這個單字充滿無限遐想。來到冰島，這是我非常期待看見的自然奇景之一。

通往間歇泉的步道上，大小不一的蒸氣從地面冒出，穿過蒸氣迷霧之間，刺鼻的硫磺味，就和北投溫泉類似。遠遠地，看見人潮在某處聚集，聚精會神等待某件事情發生。大量蒸氣順著風，不斷地向前吹散。地球表面出現的裂縫，直達地心。底層岩漿劇烈加熱，表面水受熱加溫而加速膨脹，膨脹到零界點而無處可去。此時，水面快速冒泡；剎那間，又迅速抽乾；還來不及反應，巨大壓力已夾帶龐大蒸氣，扶搖直上，直衝天際：「轟！」的一聲，一陣宛若阿拉丁神燈

強勁懾人的水流。

女王頭眺望落瀑。

冰島層次豐富的地形變化。

雙層落差的黃金瀑布。

出現的巨大水柱，衝上十幾公尺高的天邊，化成迷濛白煙，煙消雲散無影無蹤。那聲砰然巨響，撼動了在場每一個人。噴發之後，還來不及反應的水，再次降溫，新一輪的膨脹加熱，再度展開。如此周而復始，成就著名的間歇泉。

走在歐美板塊交界斷層的步道上，兩邊峭壁看似一個整體，實則分屬不同的大陸板塊。經年累月，板塊相互碰撞推擠，雙方已經上演數十億年的僵持，形成一條大裂縫，至今仍在繼續。只是，這道裂縫大多數的角力場，都深藏在大西洋底，只有冰島上這一段痕跡，讓人有機會見證大自然的偉大奇蹟。這座孤立於大西洋上的地質教室，竟然可以讓人們穿梭在兩個板塊之間，左手觸摸美洲大陸，右手碰觸歐洲大陸。再一次，深刻體認到大自然的偉大以及人類的渺小。

「即便你已做好準備，冰島終究有辦法讓你大吃一驚。」這是總結自己在冰島每一天接受大自然美感衝擊下的最終詮釋。廣闊的冰島，仍有一半以上的美景沒機會親眼所見，但光是回味體會過的震撼，就足以成為生命中不留遺憾的精彩片段。

翻越魯冰花山丘。

Take Q there!

接近間歇泉，熱氣蒸騰。

間歇泉，等待下一次的噴發。

英國・倫敦的封街雙層巴士展

第一代倫敦雙層巴士。

在台灣，平日一條交通繁忙、車水馬龍、熙來攘往的城市大馬路，會因為什麼原因而封街？或許，是集會遊行的抗議；可能，是壯盛軍容的國慶；或者，是熱鬧選舉的造勢。無論原因為何，議題都略顯嚴肅。有沒有可能，封街是為了讓人民增廣見聞？封街是為了說一段精彩的城市歷史故事？

倫敦的Regent Street，一條人車繁忙的購物大街，其重要性就等同於巴黎的香榭里舍大道、紐約的第五大道。走在這裡的人們，手上滿是大包小包的購物戰利品，馬路上車陣川流不息，放眼所及盡是繁華，屬於國際大都會的規格與氛圍，這裡一樣不缺。

沒想到，某一個風和日麗的假日午後，整條馬路雙向全線封閉，瞬間成了倫敦街頭最大的廣場。逛街人潮依舊，但是人們多了吸睛亮點，三五成群爭相拍照；原本穿梭在倫敦大街小巷的雙層巴士，這次不再只是妝點城市記憶的配角，相反地，反而成了假日午後占據街頭的主角。

歐洲城市有為數不少專門介紹交通工具的博物館，但是多半只陳列在室內展示間，供人參觀；雖然依舊壯觀震撼，但是終究少了一份參與感。這一次倫敦的封街，不為別的，就是為了讓倫敦市民以及來訪遊客，能夠在大街上親眼見證，親身參與，百年

街頭的倫敦紅。

逐漸趨向現代的倫敦巴士。

來雙層巴士的演變。為了完成這個天馬行空的想像，那些原本身經百戰，卻只能陳列在交通博物館內的老古董，趁這個難得的下午，一起在Regent Street上透透氣，舒展筋骨。

如此大費周章，勞師動眾，展出了百年來倫敦雙層巴士的每一款車種，不僅讓現代人能重新認識路上的巴士如何演變，更可以讓老一輩的人重新找到記憶的連結。街頭一路展示到街尾，在這長達一公里的大街上，總共放置了四十八款不同年代的倫敦雙層巴士。從獸力到機械，從有稜有角到圓弧科技曲線，一應俱全。而且不只能遠觀，每一輛都可以讓民眾上車體驗！

為什麼倫敦巴士是雙層的？這個看似習以為常的問題，竟然讓我在大街上看展的過程中，發現了蛛絲馬跡。原來打從第一代的馬車巴士開始，為了讓一匹馬能夠拉更多人，就已經有了簡易的雙層設計概念。自此，雙層巴士就成了倫敦的特色。

第三代倫敦雙層巴士。

第二代倫敦雙層巴士。

第七代倫敦雙層巴士。

第八代倫敦雙層巴士。

第四代倫敦雙層巴士。

第五代倫敦雙層巴士。

第九代倫敦雙層巴士。

戰爭期間巴士也跟著變色。

倫敦巴士一直都是紅色的嗎？在四十八代的巴士中，其中有幾輛車是「萬紅叢中一點綠」；顏色，無意間道盡了城市發展的歷史脈動。那些綠色車款，服務年代剛好落在兩次的世界大戰，在那草木皆兵的年代，「國防色」自然也成了倫敦街頭的保護色。不過，在那中斷的綠色之後，又是一路綿延無盡的紅色車款，彷彿顏色也代表了歷史的轉折點，讓人得以遙想過往的街道風光。

封街巴士展令人玩味的，不只是它強烈紅色的視覺衝擊，更在於它善加利用巴士的元素，加入聽覺感官刺激。大街旁的玩具百貨公司，索性在門口用樂高積木搭起了一個以假亂真的公車候車亭，共襄盛舉。該有的站牌號碼一個也沒少，不同的是這些數字站牌可以隨意讓人敲打，在街頭敲擊出活潑音樂，讓等車不再是一件枯燥的事情。看著來往路人無不好奇地敲擊公車站牌，大夥沉浸在即興的音樂創作中，不得不說，當下真的

街頭的倫敦紅。

用樂高組裝的公車站牌。

會被倫敦街頭這股自然散發的藝文氣息給深深打動。

隨著日暮低垂，華燈初上，那些出來透氣的老古董又必須勞師動眾地回到交通博物館內展示。巴士一輛接著一輛離開，大街也逐漸恢復車水馬龍的熟悉樣貌。終究曲終人散，但卻餘音繞梁，讓人雋永再三。

若要問我這場封街巴士展最深刻的感受是什麼，我會說那沿街排列的巴士，像是一條時間軸，用一個下午的時間，濃縮了倫敦百年來的發展。如果時間是一種記憶，那麼泰晤士河河畔的大笨鐘，讓建築化作永恆，凝結住時間的流逝，永遠代表英國。但是街上穿梭的紅色雙層巴士，則在與時俱進的微調變化中，以動態的軌跡記錄了城市的發展，留下了城市的記憶，創造了城市的故事。

怎麼醞釀並勾勒一段精彩的城市故事？倫敦用它無與倫比的魅力，以城市當作背景，讓巴士成為第一人稱的街頭主角，用寓教於樂的方式，說給你聽。

Take Q there!

封街的倫敦雙層巴士展。

逐漸趨向現代的倫敦巴士。

英國・曼徹斯特戰爭博物館

GPS: 53.469706, -2.298923

遠眺戰爭博物館。

曼徹斯特（Manchester）城市西南邊的特拉福德碼頭（Trafford Wharf），過去曾經是工業產品出口的重要集散地，為城市帶來繁榮與財富。後來，隨著進出口數量下降，曼徹斯特政府也重新思考這座碼頭的定位。

如今，搖身一變，特拉福德碼頭已經成為重要的媒體城，英國著名媒體紛紛於此設立總部，作為英國中北部的營運中心。除了產業發展，這座媒體城也結合觀光元素，其中，戰爭博物館就是最顯著的案例。

戰爭博物館，全名為帝國戰爭博物館北館（Manchester Imperial War Museum North）。由建築師丹尼爾・李伯斯金（Daniel Libeskind）設計。這也是繼德國柏林猶太被害博物館，以及美國丹佛現代美術館之後，我造訪過他的第三個作品。

既然被稱為戰爭博物館，那麼展覽主軸自然是人類現代戰爭發展與演變的故事。從兩次的世界大戰、冷戰、全球反恐戰爭等，人們的生活如何因為戰爭而受到改變？戰爭中的科技又如何影響人們的生活？博物館中有著分門別類、鉅細靡遺的介紹。

二〇一二年，我從俄羅斯到東歐、波蘭，再到德國，沿途感受不同面向的二戰歷史。雖然我們這一代並未遭受過戰爭的傷痛，但是當時身處柏林猶太被害博物館，仍然感觸良多。如今，

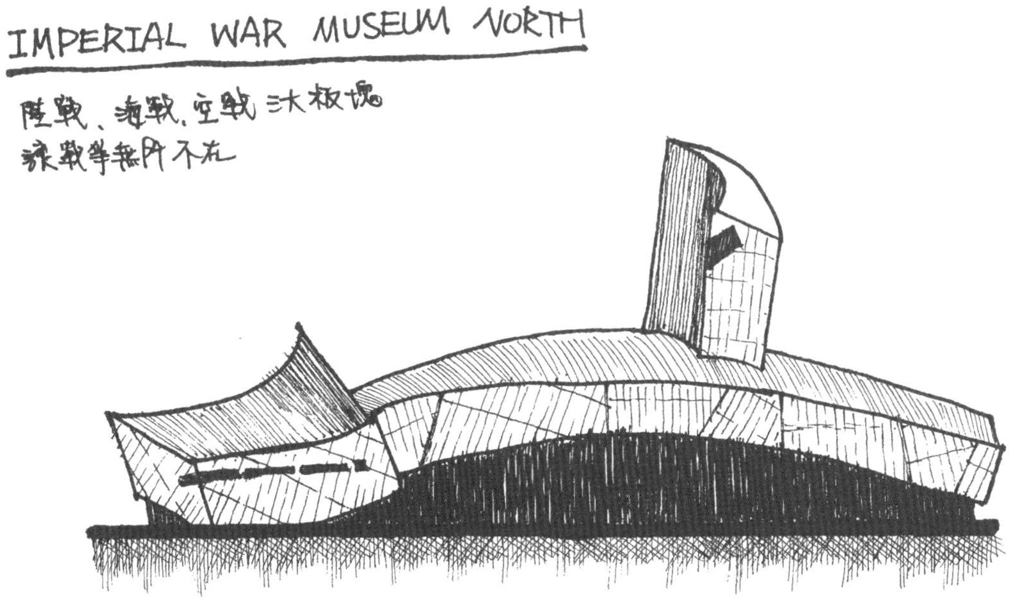
IMPERIAL WAR MUSEUM NORTH
陸戰、海戰、空戰 三大板塊
讓戰爭無所不在

戰爭博物館三大板塊速寫。

2014.07.03

刻意混亂不規則的戶外鋪面。

來到曼徹斯特戰爭博物館，某些感觸是連結的，某些體驗是類似的。無論如何，李伯斯金這位建築師，教我再一次利用全身感官，感受建築空間說故事的魅力。

陸戰、海戰、空戰，現代戰爭最常見的三種狀態。戰爭博物館將三種戰爭狀態轉化成地殼相互碰撞的板塊，藉由板塊之間擠壓的意象，讓靜止的建築形體，展現出帶有力道的動態美感，形成以陸戰板塊為主題的展示空間，另有以一道橫向開窗面向水域的海戰板塊，再加上高聳、材料穿透性高、能充分感受氣流通過的空戰板塊。利用不規則幾何造型，讓建築物充滿各種角度發散的線條，呈現出戰爭的混亂感。

還沒踏進戰爭博物館，光是戶外鋪面就看得見巧思。石材與礫石片的交錯安排，讓視覺呈現不規則的混亂，呼應建築物多角度的立面。雖然實用性薄弱，但是對於整體空間序列的鋪陳來說，前戲十足。

走進博物館的展覽廳，才第一步就會心一笑，因為「某件」事情跟我猜想的一模一樣，與柏林的猶太被害博物館相同，李博斯金用了同樣的「梗」來說故事。地面大約四度的傾斜，在展示空間內不規則蔓延，試圖讓人產生

刻意混亂不規則的戶外鋪面。

海戰板塊呼應河岸水景。

幻覺，產生戰爭狀態下的顛沛流離。

館內展覽從第一次世界大戰開始講起，細述一百年來的戰爭型態演變，共分成六個參觀區塊。不規則傾斜的地面，加入不規則傾斜方向的牆面，雖然仍然可以依循動線，但是折線角度多變的牆，仍然有意無意地迷惑參觀者的方向感，讓人隨著展示內容，逐漸產生混亂模糊的感覺。

其中一項互動式展覽內容，讓我覺得既「真實」又「噁心」！這個展示裝置蒐集了戰爭中不同的味道，讓人透過嗅覺來記憶戰爭，聞了以後，再從它提供的六個答案，猜測味道來源。其中一項真是奇臭無比，完全「真實」呈現戰爭的滋味。答案選項包含起司、腐爛牛肉、地下水等等，不過都不是正確答案。當我忍著異味翻開正確看板，看到答案竟然是戰爭中士兵三十天沒洗的腳臭味時，我腦袋中想像著畫面，差一點沒吐出來！

大部分時間裡，靜態展覽其實大同小異，但是戰爭博物館善用它不規則的造型優勢，創造出讓人印象深刻的展覽方式。在一段特定時間，偌大的博物館空間會全部昏暗，讓人們在摸不著頭緒的黑暗中，沉靜一段時間；忽然，戰爭無預警地開打。環繞音效的砲彈聲四起，槍聲大作；緊接著，強烈白光從不同角度，投射在展示空間內不規則折線的白牆上，故事就這樣開始。一系列歷史感十足的黑白畫面，搭配音色低沉的配音，像是電影一般圍繞在身邊上演。雖然講述的是同一場戰爭，但是卻能讓站在展廳不同角落的觀眾，透過牆面投影不同面向的內容，搭配此起彼落的槍砲聲音效，瞬間回到數十年前的戰場。這段精彩又特別的影音展覽，持續二十分鐘，結束後，燈光再次緩緩亮起，一切恢復平靜。原來，那些穿插在展廳中不規則的牆面，竟暗藏玄機，讓參訪者在靜態、動態之間，能夠從藝術創作的面向，更進一步體會戰爭！

帶著視覺、聽覺、嗅覺來體驗戰爭博物館，少了仇恨與悲壯，多了深刻的教育意義與藝術氣息。如果說，「愛」與「美」是人類的普世價值，努力讓下一代避免戰爭磨難也是大多數人類的共識，那麼毫無疑問地，戰爭博物館的建築設計與展覽方式，恰如其分地將這兩種信念，完美結合。

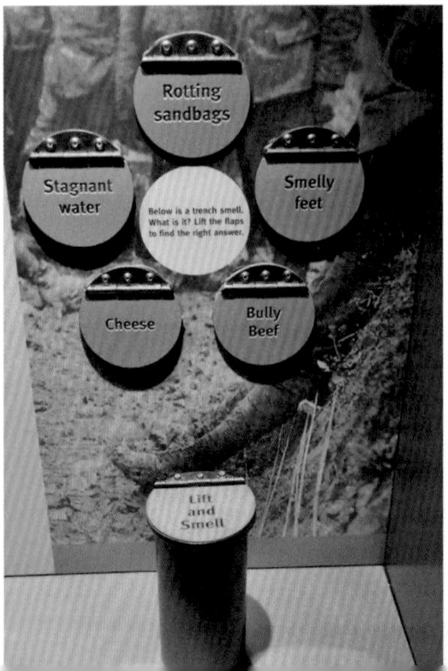

感受戰爭奇臭無比的互動裝置。

Take Q there!

空戰高塔感受與氣流互動。

善用牆面投影的聲光解說展覽。

法國・巴黎博物館PASS

GPS: 48.861031, 2.335876

大家都在看，大家都沒在看。

逛遍巴黎的博物館、美術館，始終都是我的心願之一。巴黎遊客眾多，任何景點都大排長龍；這一次，我不再以時間換取金錢，我要自由進出，讓每一座感興趣的博物館，都能成為巴黎生活的一部分。因此，我買了張「博物館PASS」，無拘無束，暢行無阻，不再為了入場而花時間排隊。

奧賽美術館（Musée d'orsay）

整座巴黎我最想看的美術館，不是羅浮宮，也不是凡爾賽宮，而是奧賽美術館。

為何奧賽美術館如此吸引我？那是打從國小五年級就在心中萌芽的心願。還記得，奧賽美術館的印象派畫作，第一次到高雄市立美術館展覽（黃金印象一九九七），美術老師帶我們班搭公車去參觀。那是我第一次有記憶，而且很認真欣賞的畫展。年紀小、個頭矮，抬頭仰望每一幅畫作的我，心中想著：「如果有機會到法國，我一定要去奧賽美術館！」從此，我對印象派情有獨鍾，更因為後來視力退化，讓我對於印象派夾雜色彩的光影變化，始終有著高度共鳴。

踏進奧賽美術館，第一眼印象，已經不是小時候在書上看到的模樣。在經過整修後，充足的室內光線使色彩更加溫暖。我像羅浮宮。

是找尋老朋友，在每一處展廳探索著哪些是我十幾年前見過，如今又將再度重逢的畫作。當我看到象徵主義（Symbolism）畫家夏畹（Chavannes）那幅畫作〈The Balloon〉，黑衣婦女高舉揮別的手送出飄向高空氣球的時候，我立刻停下腳步；眼前這幅畫，就是當年我踏進高美館欣賞「黃金印象」畫展中，看見的第一幅畫。當下，十七年間的回憶瞬間連成一線。同樣一幅畫沒變，不一樣的是時間，改變了欣賞畫作的角度與視線；同樣一幅畫沒變，不一樣的是空間，改變了欣賞畫作的氛圍與地點。

在奧賽美術館跟著一個台灣美術導覽團，透過老師精彩的講解，再次回味展館中的各大名畫，也順便認識美術館在陳列、安排畫作的細節與用心。

早期學院派畫風，講求規範，注重格局，繪畫題材圍繞著宗教和宮廷貴族，所有東西只要照本宣科，按規矩就好。印象派畫家為何在藝術史占有一席之地？因為他們在那個時代企圖突破框架、展現個人意識、嘗試不同畫風、發掘不同題材，開拓了藝術不再歸上流社會所有的先河。導覽老師說的一個比喻格外傳神，「因為他們想要做自己！」，「做自己」這三個字，不斷地在我腦中繚繞。

回頭看藝術史才發現印象派畫家們開創了一個從前不曾有過的領域，但當時誰又會知道挑戰權威會有什麼下場？換個角度來

奧賽美術館內展覽的某一張椅子。

說，假如大家都照著既定規範成長，誰又能夠創新，帶來不一樣的思維？

參觀奧賽美術館，不但實現了長久以來的心願，更在接下來好幾天的巴黎生活中，因為隨意地進出往返，成為回味巴黎的重要養分。

羅浮宮（Musée du Louvre）

二〇一二年，我曾經在日本美秀美術館、德國歷史博物館，體驗過貝聿銘先生如何創造玻璃與光影遊戲的魔幻。當時陪我一起欣賞展覽的美秀美術館導覽員說：「貝先生將羅浮宮的萊姆石色調，帶到了東方，又再次呈現在德國。」這句話我始終沒忘。

終於，朝思暮想只為此刻相見，有幸見證貝先生在日本與德國兩個精彩作品的前身，巴黎羅浮宮與玻璃金字塔。

看著玻璃金字塔菱形方格鋼骨，在陽光照射下，恣意地在館內揮灑，產生自由的陰

羅浮宮金字塔的日落。

影。看著米色系的萊姆石，為羅浮宮創造壯麗的迎賓大廳，無論是曾經在日本、德國所見，或是此刻站在羅浮宮面前，三次的空間體驗，瞬間連成一線！

仔細想想，貝先生真是了不起。歷史感濃厚的羅浮宮，無論是增建館內空間，或是創造連結動線，勢必都得在地面上創造出新量體；而金字塔的角錐造型，的確從各個方向看來，對於原本既有的羅浮宮，所造成的視覺衝擊最小。圍繞著它，來回品味端詳，對於當年他提出的大膽構想，深感佩服。

每天大批的遊客進入羅浮宮，究竟是為了證明自己到過羅浮宮？還是真的想要認識藝術品？

世界名畫〈蒙娜麗莎的微笑〉前面，永遠擠滿人，永遠嘈雜喧囂，大家似乎根本不在意這幅畫的細節，只是不停猛拍照。我在一旁看著大家拚了命地擠到前面，只為了和蒙娜麗莎自拍，一臉勝利表情都還沒享受完，後方前仆後繼的人群又如洪水猛獸般擠了上來。我以為自己旁觀者

萬頭攢動搶看蒙娜麗莎。

金字塔方格骨架剪影。

凝望羅浮宮金字塔。

清，其實不斷拍攝人群百態的我也是當局者迷。人群擁擠的搞笑，搭配存在幾世紀的一抹微笑，日復一日，不間斷地在羅浮宮上演。

記不得是第幾個日暮低垂的黃昏，我依舊每天陶醉著欣賞羅浮宮玻璃金字塔與斜陽，坐在一旁啃法國麵包，等待華燈初上，那是一段雋永且珍貴的巴黎記憶。「在巴黎，我不在博物館，就在前往博物館的路上。」這句話，從此我有自己的詮釋。

法國・巴黎橘園美術館

GPS: 48.863789, 2.322664

橘園美術館（Musée de l'orangerie），沒有羅浮宮豐富，沒有奧賽美術館高聳，但是，它讓我在巴黎最流連忘返。

印象派大師莫內（Claude Monet）死後，將他晚年專心在睡蓮池畔的好幾幅長軸畫作，贈送給法國政府收藏。印象派強調光影變化與自然呼應，因此，美術館雖然外觀是古典石柱與石牆的建築物，但是內部重新整修後，將屋頂都改成玻璃材料，大量引進自然光。試圖創造人們在室內美術館參觀，但是卻能體驗身在蓮花池畔的戶外感受。

最讓我傾心的空間，是橘園美術館內兩處橢圓形展廳，弧形牆面上懸掛的畫作不是別的，正是莫內的巨幅睡蓮作品。屋頂引進大量自然光，而神來一筆的是，加上一片布幔，讓上方灑下來的日光變得柔和，消除炫光。

坐在展廳內，環繞四周，弧形牆面的立體感搭配波光粼粼的畫作，光線從天而降，讓人猶如居高臨下的俯視整片蓮花池。陽光時而強勁，畫作上水池底的蓮花根也更顯清晰；陽光時而和緩，畫作上水面的波紋也略顯柔和。自然光的多變，讓畫作有了生命力，彷彿不像在美術館，而是真的來到莫內的蓮花池。

這種感受，不是單純幾句「橢圓形空間創造景深，自然天光讓畫作更顯自然」這樣淺白的描述可以輕易表達的。二〇一四年

順著天光變化欣賞莫內睡蓮。

初，台北的國立歷史博物館曾展出莫內畫展，也有一幅長軸睡蓮，當時在室內黃光照射下，只是單純隨著擁擠人潮，朝聖大師畫作，雖然毫無內心體會與空間想像，但是已經覺得滿足。今日，有幸真正坐在橘園美術館內，讓自然光當最好的導師，帶著我領悟莫內畫作的精髓，這種欣賞畫作的全新體驗，夫復何求？

我自己認為，欣賞橘園美術館最好的天氣型態是「晴時多雲」。因為，晴天只有強烈日光，陰天的光線太過單調柔和，晴時多雲的天光則是瞬息萬變。像是一雙巧手，會在光線強烈時，推你入水；會在光線柔和時，拉你上岸。

若想體驗「人在美術館，心在大自然」的絕美意境，非得走一趟橘園美術館。

法國・凡爾賽宮

GPS: 48.804898, 2.120323

凡爾賽宮的昔日榮耀。

來到巴黎市郊的凡爾賽鎮，大家不約而同的前往同一個目的地，凡爾賽宮（château de Versailles）。

順著寬闊石板廣場，緩坡向上，遠遠地，金黃色皇家圍欄，映入眼簾。欄杆與華麗大門的金黃，隨陽光燦爛而閃耀。昔日的宮殿奢華，餘韻猶存，讓人還沒踏進凡爾賽宮，就已經開始期待。

踏進宮殿內，感受每一個房間的華麗，我對於法國在景點動線上的流暢安排，有極高評價。如此龐大的人潮，搭配個人導覽耳機或是團體解說，讓人潮導引如此順暢，而且解說內容言之有物，言簡意賅。法國在文化保存的用心，的確與民族自尊畫上等號。

一邊看著凡爾賽宮內關於路易十四的種種介紹，我不斷回想起二〇一一年，曾經在故宮看過「康熙大帝與太陽王路易十四」的展覽。十七世紀，東西方兩座龐大帝國的君主，從未相遇，卻都知道彼此的存在，並且透過傳教士，相互交流，吸取所長。沒想到，此刻的凡爾賽宮，竟然也有同類型特展，講述康熙大帝與當時法國文化在各方面的交流。不同的時空，可是卻讓我在台北與巴黎，見證兩個偉大文明因為交流而融合出更多創新，當下內心澎湃不已。

凡爾賽宮的昔日榮耀。

鏡廳華麗水晶吊燈。

落日餘暉下鏡廳更加耀眼。

回頭想想，當時故宮的展覽中，我對路易十四寫給康熙皇帝的親筆信，記憶格外深刻。假如當年從法國出發的使者，途中沒有被俄國的彼得大帝攔下，而讓這封信真的交到了康熙皇帝手上，那麼今日東西世界的歷史，會是什麼樣的局面？又或者，始終雄踞歐亞北方的俄國，在當時又用什麼樣的角度來觀察東西方兩大帝國的發展呢？

凡爾賽宮最華麗的宮殿，莫過於面向開闊皇家花園的「鏡廳（Galerie des glaces）」。對於十七世紀的人們來說，鏡子是當時的最高科技，象徵至高無上的奢華。路易十四採用極為大量的鏡子，單純裝飾一座華麗大廳，搭配精雕細琢的水晶吊燈和大片落地窗，在縱深極長的廳堂內，顯得氣勢磅礴、雷霆萬鈞！彷佛全天下的華麗，都被凝結在眼前的鏡廳中。走在宮殿中太容易左顧右盼，因為每一個小地方都有故事，每一個角落都是設計巧思。遙想大時代的法國宮廷，到底過著什麼樣的奢華生活？留下太多美好想像，供人無限憑弔。

趁著閉館之前，人潮較少之際，我再一次跑回鏡廳。此時，太陽西斜，橘黃色日光穿透方格紋落地窗，照耀在金黃色女神雕塑上，絢麗反光也讓頭頂水晶吊燈更顯閃耀，而整面鏡牆又將此場景再次反射，呈現更虛幻的奢華！站在鏡廳的中央，回首整片中軸對

凡爾賽宮的昔日榮耀。

凡爾賽宮花園一景。

稱的皇家花園，任憑斜陽灑落臉龐，彷彿一切盡收於股掌，井然有序、各得其所、無邊無際。我這才赫然明白，路易十四為何會說出「君權神授，朕即國家」這樣極度充滿自信的豪語。

戶外的皇家花園，體驗過往所讀景觀史對於法式庭園的種種。我只能說，與凡爾賽宮相比，其他所有在巴黎市區內的大小公園，即便都有法式庭園的元素，也顯得小家碧玉。

龐大花園讓人的尺度顯得格外渺小，所有平面圖上看到的繁複線條，都只能從天空中鳥瞰，身在其中，體驗到的不是線條，而是高聳又整齊劃一的樹牆。一切太過巨大，但是卻仍能感受到細緻，在大與小、放與收之間，看見法式花園的華麗，體驗到它的氣勢，感受到維護的用心。

我想，就是因為尺度龐大，才會更加突顯中央十字水池的重要性，因為它提供最明確的方向性，讓中軸線上的一切，不至於因為尺度過大而失去重心。幾百年前的法國人，在測量工具不發達的年代，可以像鳥一樣翱翔天際，畫出優美複雜的曲線，彼此精準對應，不得不佩服先人們的大膽與智慧。

單憑一次造訪，要能完全體會凡爾賽宮，談何容易。這裡匯聚了法國幾百年來的重要歷史故事，每一幅畫作、每一個環節，都是不同時代的國王、皇后、公主們的生活點滴。此番淺嚐，讓我有機會感受法國昔日宮廷驕傲其來有自，也得以親身體驗皇宮與花園的尺度，背後所蘊涵的秩序與美感。

若要我用一句話來形容凡爾賽宮，我會說：「它是一瓶陳年美酒，不須一飲而盡，卻可隨時淺嚐，用生命中的不同歷練，感受它每一刻不同芬芳。」

凡爾賽宮花園一景。

宮廷花園的大尺度軸線。

05 老城區印象

York 2014.07.09

阿拉伯·老杜拜的阿拉伯風情

老杜拜街頭。

頂著炙熱豔陽，盡其所能地找到陰影，走在杜拜（Dubai）老城區街道巷弄間，街邊建築立面在伊斯蘭風格裝飾下，繁複而華麗。街上的阿拉伯男人，一半穿著筆挺西裝，一半穿著傳統連身白袍，只有傳統阿拉伯婦女，清一色地穿著黑色連身長袍。熙來攘往的馬路即景，除了名貴跑車穿梭，也有包著頭巾的工人，辛苦推著載滿布料的板車緩步而行。

才看著街上熱鬧人潮，不一會兒功夫，竟然立刻人去樓空，街道悄悄地寂靜冷清。那些街邊店家、那批路邊小販、那群來往行人，各自順著喊拜樓的聲音方向前進。那一刻，才明白可蘭經的戒律，是如何深深影響這片土地上生活的人。

在老杜拜，其實看不到太多刻板印象中對杜拜想像的紙醉金迷，反而體驗到不少尋常阿拉伯人的生活樣貌。在那些尋常生活中，我試著一步步揭開神祕的阿拉伯面紗。

在杜拜河畔，保留了一區歷史遺跡。那一棟棟保存完好的樓房，記錄了杜拜先民的建城歷史。一個不小心，我掉進了老杜拜另一處不曾發現的美麗；一個不經意，我認識了一位在地人，帶我探索不曾發現的區域。

土黃色的泥土牆壁，偶爾會有幾扇深咖啡色門扇，抬頭仰望，會看見一排排帶有阿拉伯特色的排水頂溝，陽光灑落，那帶

老杜拜街頭的中東圖騰。

伊斯蘭花紋的重複美學。

杜拜巷弄老房。

杜拜河風光。

伊斯蘭花紋的重複美學。

有伊斯蘭花紋的欄杆，被強烈的日光重重壓在牆壁上，形成另一個層次的秩序。

時而盡頭無路，轉身又是一條謎樣小巷，永遠會出現在阿拉伯故事中的吊燈，總能吸引目光，牽引你走向它，繼續通往下一條未知小徑。偶爾，擦肩而過的一位長者，那一身印襯在土黃色背景下的白袍，顯得清新而明亮，也許四目相對，微笑不語，但是剎那間，彷佛已帶我穿越時光，回到杜拜百年之前的模樣！

傍晚時分，老樓房華燈初上，在杜拜河畔閃耀點點紅光。遠方，喊拜樓低沉的呼喚聲，夾雜著船隻規律的引擎聲，此起彼落。徐徐微風，帶走了白天的酷熱；點點繁燈，增添了夜晚的悠閒；聲聲喊拜，響徹了整片波斯灣。

獨坐河畔，手拿畫筆，恣意地在紙上來回，感受此情此景。若有似無之間，我邊畫也邊期待著些什麼，沒想到，再次因為畫畫，讓我邂逅了意料之外的收穫。

一位名叫阿比德（Abid）的巴基斯坦人，與我年紀相仿，來到杜拜打拚。或許因為好奇，坐到我身邊看我畫畫。他講著流利的英文，我一邊畫，也一邊與他交談。也許投緣吧！我送他一張手繪明信片當作見面禮，看他愛不釋手的神情，我也覺得開心。沒想到，他就這樣邀請我去品嚐一間道地的巴基斯坦餐廳。緊接著，一個原本壓根沒想過的夜晚，就此展開！

我們一邊吃，一邊分享著巴基斯坦與台灣的種種，他也與我分享許多他的杜拜觀察。愈聽愈有興趣的我，決定請他當導遊，帶我一窺另外一個層面的杜拜。

老杜拜街頭人群。

穿越河底的人行地下道。

晚上十點的熱鬧魚市場。

阿比德說：「穿過出海口的人行地下道過河，對面的魚市場非常值得一看。」我有沒有聽錯！穿過地下道過河？從沒體驗過的我躍躍欲試。

那彷彿是一條通往未知世界的通道。就這樣，我們從河邊一處不起眼的坡道開始向下繞圈，數不清總共繞了幾圈，總之離地表好遠，甚至連呼吸都覺得悶，好不容易繞到最底端，還要再走一大段斜坡才是最底層。從來沒有走過這樣的地下道，大開眼界。過了河，又一次順著數不清的坡道繞圈向上，當再次呼吸到地表新鮮空氣時，眼前景象完全不一樣！

此時已是晚上十點，瀰漫著血味的魚腥，從那躺滿一整排大魚的斜台上飄來。一尾尾將近一米五長的大魚直接露天秤斤論兩。後方那明亮到宛如白天的魚市場，依然人聲鼎沸。阿比德熟門熟路帶著我穿梭在魚市場的各個走道，一個轉身，又來到旁邊的

不苟言笑的魚販。

果菜市場。看著阿拉伯人將蔬果搭建斜台的陳設方式，像極了卡通裡面小當家在準備特級廚師考試時的場景。

魚市場還有果菜市場，無論攤販或是買家，清一色全是男人，流著中東標準的大鬍子，在深夜的市場內，面無表情地討價還價。看見文化對一個民族的生活影響，真的要從生活裡才能細細體會。

從白天到夜晚，老杜拜從各種面向，散發它獨特的中東魅力。或許，今日的阿拉伯聯合大公國，動輒可以砸大錢建造人工島、世界最高樓，點石成金地讓沙漠變綠洲。但是，萬物總有初心，當一切回歸到最基本的信念、最核心的信仰，那麼屬於杜拜最質樸的樣貌是什麼？在老杜拜，我感受過那一份價值。

主動找我拍照的搬西瓜工人。

杜拜河畔的相遇。

巷弄間的阿拉伯男子。

杜拜巷弄老房。

巷弄間的阿拉伯男子。

荷蘭・阿姆斯特丹的齒列不正

運河上的特色小船。

還記得，那年在德國柏林旅行時所認識的荷蘭人，大部分都說柏林是座無聊城市。的確，柏林給人的感覺，像是正經又悲情的好學生，如今，身在活潑好動的阿姆斯特丹（Amsterdam），還真覺得它像是個過度放縱的野孩子。

在阿姆斯特丹，「吃、喝、嫖、賭」一切合法。光從這一點，不難看出荷蘭人仍保有海洋民族對任何新事物的接受與包容。不過，在享有自由的同時，仍然會尊重彼此底線，才能讓眼前所見，兼容並蓄的發生。

來到荷蘭，每天看著運河上大小船隻穿梭，探索阿姆斯特丹的第一步，就從水路開始。從運河上看阿姆斯特丹，在那個比平常又低了兩米左右的視線高度，搖搖晃晃的欣賞城市，別有一番風情。

運河邊，絡繹不絕的人群交錯，快速穿越的單車經過，偶爾，所有人又必須停下腳步，讓響著叮叮聲的輕軌電車緩步先行。從河面的角度欣賞兩岸，會發現河岸欄杆的角色舉足輕重，整座城市更因此成了一座立體停泊站。欄杆，不只提供腳踏車鎖鍊安全無虞的依靠，更承載著小船和水上船屋纜繩的固定重任。

從停泊碼頭出發，駛向寬敞的阿姆斯特丹河，視野還沒習慣開闊，船身已經轉彎，深入運河巷弄間，再轉彎，挺進更狹窄的小運

阿姆斯特丹的水上船屋。

阿姆斯特丹的齒列不正。

阿姆斯特丹的齒列不正，房子東倒西歪。

河。每穿過一座造型優美的橋，歷經片刻黑暗，又是一片前所未見的光明。

偶爾，迎面而來的是戴著墨鏡的帥氣大叔，獨自操縱小船悠閒前進；或者是一對銀髮夫妻，老先生駕船，老太太在一旁悠閒閱讀；又或者是另一艘遊船，觀光客們四處東張西望，心不在焉。在看見與被看見之間，交織不同的視線，在阿姆斯特丹不斷重複上演。

《古惑仔》電影中，陳浩南與蔣先生共遊荷蘭的片段，在我走在阿姆斯特丹街頭時，不斷想起。尤其是在運河船屋上碰面八指叔的場景，更讓我記憶猶新。運河沿岸，停泊的船屋形色各異、各有創意，看似不能腳踏實地的住家，當時都是來阿姆斯特丹打拚、收入微薄居民的避風港；如今事過境遷，反而成為運河上不可或缺的畫面。

阿姆斯特丹有趣的另一個原因，是運河邊成排的房子都像是喝醉酒站不穩。有些柱子歪、有些門窗歪、有些大家一起向右歪、有些更是你向右歪我向前歪。對於長期與海爭地，擅長土地最極致利用的荷蘭人來說，關於運河舊城區樓房的東倒西歪，我倒是聽了一個有趣的說法：可能當年政府課稅是以建築占地面積作為依據，有些人想要多一些使用空間，但不想多繳錢，所以樓上開始蓋歪，只

靜謐的住宅區河道。

乘著小船前進運河。

一家人的水上時光。

阿姆斯特丹的水上交通。

為多那麼一點點空間。久而久之，隔壁的人要蓋，也只好跟著歪，到後來有人可能想要多一些空間，所以向街道的方向再歪一次。雖然不知道這樣的說法是否正確，但是這是我自己看這座城市的趣味解讀。

談到歪斜樓房的另一種體驗，不得不談到著名的紅燈區。在這個性工作合法的城市，大批遊客穿梭在兩邊亮著紅燈的玻璃櫥窗間，看著那些外地人覺得新鮮、當地人早已見怪不怪的專屬景象，本身就是一種奇特畫面。此時再看著頭頂樓房歪斜的模樣，彷佛人沒有喝醉，但是已經意亂情迷，呈現一種天旋地轉的有趣想像。

總而言之，在描述運河與歪斜樓房的關係上，體驗過後我有另一種天馬行空的想像：阿姆斯特丹的城市配置，運河從火車站開始離心狀放射，房子則成排安插其上。那一圈又一圈環繞連通的運河像是牙套，固定著一排又一排齒列不正的樓房，讓這座充滿誘惑的城市，持續成長茁壯。至於，那些慕名而來的遊人，則像是想吃糖的孩子，非得將糖果在嘴裡咬上一口，才能感受箇中酸甜。

約克老街歪斜樓房的祖先智慧。

水上船家。

芬蘭・赫爾辛基碼頭邊海鷗虎視眈眈

海上遠望赫爾辛基。

鳴笛聲作響，郵輪緩緩進港，腳踩在芬蘭赫爾辛基（Helsinki）的土地上。猜想《海鷗食堂》這部電影中的景象，不知道究竟是何模樣？

距今才建國將近百年的芬蘭，曾經是瑞典王國的一部分，也曾經是前蘇聯的國家領土。說真的，作為一個國家的首都，赫爾辛基不算大，比起北歐其他國家的首都哥本哈根和斯德哥爾摩，明顯小巧許多，加上這裡騎腳踏車的人，與之前造訪過的北歐國家相比明顯稀少，所以赫爾辛基給我的第一印象，和我原來想像的並不相同。市區中，很多重要建築物風格都是洋蔥屋頂，可以明顯看出過去和俄羅斯之間，密不可分的關係。我總是喜歡看見各種文化或藝術風格因為地緣或是政治關係，所產生的演變與發展，用這樣的視野開始赫爾辛基的探索，格外讓人興奮。

這個與海洋親近的國家，歡迎的味道自然與眾不同。港口市集以濃濃的魚腥味、琳瑯滿目的魚類料理，歡迎每一位遠道而來的訪客。經過碼頭邊的市集，發現芬蘭的海鷗特別霸道！總是雙眼惡狠狠地盯著有食物的人瞧。而這座碼頭就是《海鷗食堂》的重要場景，親眼所見，格外親切。

碼頭邊，那段與海鷗搏鬥的過程，至今我仍記憶猶新。一攤攤生氣蓬勃的攤販，用多層次的魚腥味展現著赫爾辛基的魅力。

赫爾辛基的第一印象，洋蔥屋頂特別多。

赫爾辛基大教堂前廣場。

碼頭邊的市集。

我好奇嘗試了當地的魚料理。簡單的蔬菜和馬鈴薯球一起炒，再和生煎鮪魚搭配，最後佐上醬汁，令人口水直流，但是頂棚上的海鷗更心急，總是居高臨下，不時低空飛越，在身邊不斷徘徊盤旋。老闆不愧是經驗老到，一端上菜就用口音極重的英文對我說：「Watch out your fish !」果然，說時遲那時快，我只是轉身拿餐具，片刻之間，已經有海鷗用牠那迅雷不及掩耳的速度，朝我盤中的魚飛來，還好一旁淡定的老翁也不是省油的燈，一個快速箭步上前，揮手幫我及時趕走海鷗。我深深覺得，赫爾辛基的碼頭邊，最讓人印象深刻的就是這些海鷗，那種「積極進取」的虎視眈眈，讓人愛恨交加。

來到芬蘭，很明顯可以感受到日本人的密度明顯高於歐洲其他國家，一開始我搞不太懂為什麼？單純一部《海鷗食堂》的電影，應該不可能造成這麼大影響，但是在我逛完一圈魚市場後，我想或許能從食物上找到一些蛛絲馬跡。

赫爾辛基最大的傳統市場，有各式各樣的生鮮蔬果，設備與衛生兼顧已經是基本要求，但是最明顯的不同，就是魚販特別多。無論是魚罐頭攤、生鮮魚攤，或是現做魚料理攤，可以很明顯感受到，這是一個與海洋密不可分的國家。其中好多種鮪魚料理，像極了日本的生魚片，只是在赫爾辛基處理手法顯得更加豪邁。我想對於同樣是一個愛吃魚的民族而言，日本人在芬蘭應該會更有親切感吧！

而我自己，決定把魚市場當作博物館，不要每天都只為了省錢吃三明治，所以我轉換自己的心情，把吃的錢當成「魚市場博物館」門票，嘗試了幾種價格實惠的魚料理。

其中一種，切薄片的新鮮鮪魚抹上淡鹽，搭配洋蔥放在切片麵包上，口感相當清爽。這和我在荷蘭還有德國，嘗試的當地魚類料理最大的不同是，口感不會太鹹，搭配洋蔥一起吃，剛剛好。

另外一種，視覺效果搶眼。厚片肥美的鮪魚切片，橘紅色光澤奪目，放在烤盤灑上大把青綠色蔥花，搶眼的視覺效果讓人垂涎欲滴。鮪魚搭配青蔥，在大口咬下的瞬間，尤其當牙齒滑過青蔥的清脆後，再輕觸鮪魚的滑嫩，那種合而為一的完美口感，在嘴內恰如其分的完美結合，一種專屬於芬蘭的料理哲學，不必多說，咬下一口自然就懂了。

或許，這些發生在港口邊的觀察故事，只能算是赫爾辛基的淺嚐即止，但是，無論是海鷗虎視眈眈所帶來的活力動態，或是鮮魚料理所帶來的味覺感動，都讓屬於赫爾辛基碼頭邊的回憶，有著歷久彌新的鮮明。

芬蘭人的魚料理。

SUOMALAINEN
(SALO)
AVOMAAKURKKU
5,- KILO
SUOMALAINEN
VARHAISKAALI
2,80

海鷗的虎視眈眈。

英國・約克的中世紀風貌

約克的中世紀餘韻。

「你有要去約克嗎？」這句話是打從倫敦開始，無論是當地人或是其他旅人，都會問我的問題。這個還留有中世紀痕跡的小鎮，究竟有何魔力，讓所有人都推薦非去不可？

約克（York），一座位在英格蘭北部的小鎮，還留有羅馬帝國統治時期的遺跡，無論是城牆、街道，或是殘存堡壘，有一種特殊氛圍，讓人掉進中古世紀的情懷。

一走出火車站，羅馬古城牆已經矗立眼前。牆內的世界是何模樣？我沿著城牆往城內方向走去，迫不及待地想要掀開那道神祕面紗。

城堡般的韻味古牆，穿插著帶有煙囪的紅磚樓房，看得出年代的磚瓦，一片片覆蓋其上，教堂寧靜地矗立在遠方，城內的世界讓人充滿想像。過橋，拉近了與中世紀的距離，更加期待這座小鎮演奏一段屬於自己的篇章。

作為一個以觀光為主的城鎮，即便所有中世紀的老街都已是琳瑯滿目的各類商店，即便狹窄的巷弄被觀光客擠得水洩不通，但是抬頭一望，仍然能夠被眼前幾個世紀以前的特色街道給深深吸引。

歪七扭八的中世紀樓房，讓老街顯得格外有趣，但是了解背後的生活方式，又讓人佩服先人智慧。從前的肉鋪街，商家為了

歪斜樓房的祖先智慧。

約克老街歪斜樓房的祖先智慧。

讓切好的肉可以吊掛風乾，所以樓房的二、三樓刻意出挑，增加遮陽空間，也方便街上顧客直接挑選。又因為兩邊出挑的樓房，可以讓商家在買賣時更容易相互支援，所以一路保存至今，成為現在最具特色的約克街景。這些現況並非偶然，都是過去幾百年來的累積。走在懷舊感濃厚的巷弄間，我喜歡摸著那一磚一瓦都滿布的歷史氛圍。

圍繞約克的古羅馬城牆，世世代代守衛英格蘭北疆，城市內部的道路分布與群落關係，都和古城牆有密不可分的關係。如今，片段的圍牆已功成身退，不需再肩負防禦重任，曾經是重兵把守的城牆古道，早已是居民與訪客的空中步道，用不同的角度欣賞著同一座小鎮。

刻意地，我環繞古城牆走了一大

約克老街歪斜樓房的祖先智慧，二、三樓直接出挑，增加遮陽空間，也方便肉品吊掛風乾。

圈，除了欣賞沿途風光，這樣一大段具有方向性的路徑，也能讓人專心思考。坐在城牆角隅的守衛塔，望著約克教堂發呆，讓斜陽拉長身影，一番深思後，心中的聲音也更加堅定。

感受中世紀氛圍，再經歷一段深層思考，約克對我來說不再只是一個別人口中的必去之地。我在這座古色古香的特色小鎮，有過一段屬於自己的記憶。

從城牆的視野探索約克。

約克的中世紀餘韻。

從城牆的視野探索約克。

英國・愛丁堡風笛聲悠揚

從卡爾頓山上遙望市區。

紅色方格蘇格蘭裙隨風飄動，巷弄間悠揚風笛聲不絕於耳，山丘上尖塔樓房層次分明，峭壁上著名古堡遺世獨立，又是一種截然不同的文化饗宴。頂著蘇格蘭難能可貴的豔陽，我來到了愛丁堡（Edinburgh）。

無論大街或廣場，只要一個舒服角落，總是能看見蘇格蘭風笛手吹奏帶有文化韻味的悠揚樂曲。光是這一點，愛丁堡就足以讓人著迷。順著音樂聲走，隨著美好旋律暫停腳步，屬於愛丁堡的旅行，一路上總有音樂相伴。

愛丁堡是個富有地形變化的城市，即便市中心離海邊不遠，但是無數個起伏山丘或是陡峭山壁，都讓這座城市充滿多種角度的魅力。

沿著北邊新城區的王子街（Prince Street）向南看，是一處欣賞愛丁堡絕佳美景的大道。從這裡可以欣賞峭壁上的古堡，以及一路向東綿延的山坡樓房，不間斷地延伸起伏，交織成愛丁堡優雅的天際線。駐足欣賞，什麼也不必多做，光是搭配悅耳風笛與眼前美景，瞬間已是永恆。

來到南邊舊城區的街道，又呈現出一種山城的風貌。遠看是層次分明的樓房，當身在其中，穿梭在每一條都看似神祕的階梯巷弄間，隨著地形高低變化，一個不小心就可能邂逅最打動你心

由王子街望向城堡和大草原。

愛丁堡市區遺世獨立的古典城堡。

蘇格蘭風笛手。

遠眺愛丁堡。

愛丁堡街頭的蘇格蘭方格裙。

Take Q there!

的醉人景色。同樣地，光是在愛丁堡的山坡小巷間迷路，也是一段讓人印象深刻的記憶。

等待傍晚，沿著卡爾頓山（Calton Hill）向上走到高點，期待從遠觀的角度，欣賞愛丁堡層次分明的都市景色。果然，喜歡拍夜景的人都知道哪裡有絕佳角度。這裡早已架設好幾座腳架和大砲，等待夕陽從西北邊落下，尖塔樓房與古堡華燈初上的美麗一刻。美景不需多說，大家不約而同地看著同一個方向，他不言，我不語，但是每一個人心中，都留下了屬於自己的愛丁堡夜景。

隨著燈光的腳步下山，沿著王子街走回背包旅館，從夜晚的角度再一次回眸，欣賞愛丁堡老城區的夜色。雖然店家早已關門，但是其中一家的音樂沒關，沉浸在夜色的美好與午夜風笛聲的扣人心弦，一切盡在不言中。

華燈初上的愛丁堡夜景。

蘇格蘭風笛手。

愛丁堡街頭。

西班牙・格拉納達的中東餘韻

格拉納達的中東語彙。

那眼前所見的山城，橘紅色閃爍；那撲鼻而來的味道，帶著中東的記憶；那周遭裝飾的圖騰，再次變成方形排列的幾何圖形；那山頂寧靜雄偉的阿罕布拉宮（La Alhambra），彷彿有著幾百年的故事想說。這裡，是安達魯西亞，格拉納達（Granada）。

搭乘夜車來到這裡，昏暗的天光，讓一切略顯撲朔迷離。離開裝飾華美的城市大街，轉而進入古城山坡小巷，一份帶著中東色彩的不尋常，就此揭開它神祕的篇章。

夜晚，巷弄間的世界像個不夜城，火把形狀的街燈懸掛牆邊，妝點了一片橘紅色的世界。我想要踏步向山坡小巷前進，卻一直被身邊環繞的中東氛圍給深深吸引。

向前看，牆角上還能看見阿拉伯文的痕跡；側身瞧，街角邊還能看見在杜拜常見的水煙；回頭望，小店裡還能看見帶有中東圖騰的裝飾小燈；抬頭探，屋瓦間還能看見此起彼落的樓房更迭；側耳聽，巷弄裡還能聽見中東古琴的撥弦；迎面走，坡道前還能遇見拿著小扇的包頭婦女與我擦肩。

此刻，我內心已經充滿著太多奇幻想像，當我推開小巷盡頭那沉重的背包旅館大門，華麗幻想也隨著眼前挑高天窗，不斷地升高，再升高。

一層層拾階而上，環繞著昏暗又略帶神祕的古屋中庭，我推

山丘上的阿罕布拉宮。

深夜格拉納達遇見阿罕布拉宮。

遠眺格拉納達山城。

格拉納達山城。

開了屋頂上的門簾，來到我房間旁的天台，我不敢相信眼前所見！剛剛經過的山腳小巷，橘紅色屋瓦從下一路蔓延，經過我眼前又持續地爬上山坡。我站在半山腰舊房子的屋頂上，看著眼前高低錯落的山坡老房，背襯著璀璨的耀眼星空，我還沒放下背包，但是已經愛上了格拉納達！

格拉納達歡迎我的夜間序曲，讓我迫不及待地想要探索它白天的美。迷路在這個西班牙南部的中東國度山城，是一種很難得的享受。比起塞維爾（Seville），格拉納達山城上的房子幾乎都是中東形式的裝飾風格，但是同時也保有地中海城市處處噴泉流水的城市特色。在過去中世紀幾百年間，不同的人種，帶著不同的宗教信仰，統治這片土地，創造出許多清真寺被改建教堂，教堂又改為清真寺的複合式樣貌。在杜拜，看到這些伊斯蘭裝飾極其自然，但是此刻人在西班牙的我，忽然間對於這份熟悉感又有了不同層次的了解。

西班牙南部的人們，格外熱情，也熱心助人，我無論走在山坡小巷的任何一個角落，或是身在小

格拉納達山城遠眺阿罕布拉宮。

帶有伊斯蘭風情的建築裝飾。

丘頂上的市場，總是能聽見當地人爽朗地跟我說：「Hola !」或是在我不知道方向之時，帶著我熟練地穿過巷弄去到我想去的地方。這一群住在中東色彩濃厚的西班牙人們，有我意想不到的可愛。

能在格拉納達欣賞佛朗明哥舞蹈，讓我對這座城市的印象更為深刻。喝著店家特調紅酒，等待著接下來一段期待已久的舞動。開始了，旋律急促的吉他聲，應和著繚繞高亢的歌聲，我彷彿被歌聲的激昂，帶到了安達魯西亞起伏的山頂之上。當我還在享受著旋律的激昂，此時加入兩位舞者，在那厚實木地板舞台上，踩踏出了屬於佛朗明哥舞蹈的陣陣節奏。那踩踏在地板的舞步，聲聲巨響，時而奔放急促，時而輕柔快速，女舞者擺動的舞裙，搭配男舞者快速步伐，穿插著吉他與繚繞高亢的歌唱聲，我的心始終激動地迴盪在安達魯西亞的山間。

格拉納達，一座既是地中海風格，又帶有濃濃伊斯蘭色彩的神祕之城，用它豐富堆疊的文化底蘊、快速變換的舞蹈步伐、急促而高亢的吉他樂聲，多重感官同時撥弄著我的心弦，引領我揭開它神祕的面紗。

街頭的佛朗明哥舞蹈。

Take Q there!

夜幕低垂的阿罕布拉宮。

街頭的佛朗明哥舞蹈。

06 旅途中啟發我的故事

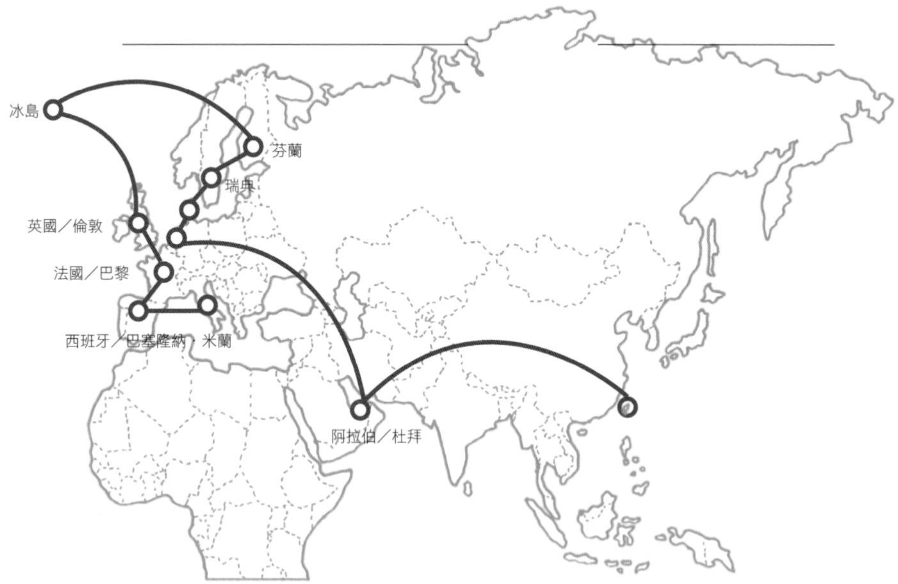

亞歷山大三世
2014.07

From Erik

向沙漠國界的邊緣挺進

離開杜拜，向沙漠出發。

旅行帶給人的喜悅，不只在於得到渴望已久的人事物，更值得回憶的是把握當下的機緣，得到更多預期之外的收穫。在阿拉伯聯合大公國與阿曼交界的阿爾艾茵（Al Ain）沙漠，我曾有過一段值得回味的故事。

旅館中，同房的一位阿爾吉利亞（Algeria）大學生，名叫發德（Fad），來到杜拜洽詢關於航空學院的訓練課程。他邀請我搭順風車，一起到阿聯酋邊界，距離阿曼很近的邊境城市阿爾艾茵（Al Ain）走走。最吸引我的，是有機會在傍晚找個人煙罕至的沙丘，欣賞落日餘暉。就衝著「在沙丘欣賞落日餘暉」這件事，我決定和他一起前進沙漠。

阿爾艾茵距離杜拜車程兩小時。當我們慢慢遠離壅塞的杜拜市區，開上道路品質超級好的阿拉伯國道，沿途高樓大廈逐漸稀少，沙漠愈來愈廣闊時，心情格外興奮！車子開在阿拉伯高速公路的有趣，是生長在台灣的我們不曾有過的經驗。因為路會順著沙丘的走勢起伏，一路平坦但是卻能呼應地形變化，加上沿途刻意加強綠化，是一條讓人心曠神怡的高速公路。

一路上，我們可說是音樂無國界！彼此輪流播放著不同語言的歌曲，並且為對方做介紹。對我而言，無論是阿拉伯歌曲或是阿爾吉利亞旋律，都很新鮮。一首首帶有濃郁中東風情的歌，搭

沙漠荒山道路的高品質。

配沿途沙漠景色，特別對味！對發德來說，中文歌、台語歌也都是他的初體驗。令人難忘的旋律總是可以加深我對一個城市特殊的記憶，這已經是所有旅行中必然會發生的美好。在阿拉伯，我也很幸運地找到了屬於我的「阿拉伯之曲」。

發德處理完航空學院相關事情後，我們繼續向沙漠深處前進！在阿爾艾茵和阿曼的交界處有一座山脈，也是當地著名景點，稱為Jebel Hafeet。地形崎嶇、礫石滿布，很奇妙的是沙漠平坦的大地上，怎麼會突然間多了這座山？開車在山路上，沿途沒有任何植栽，每一處轉彎都是造型奇特的山丘，彷彿不像是在地球開車。來到山脈頂端，那種奇妙感受更是滿溢！回身遠眺腳下的一片黃沙，對比身邊崎嶇山坡，如此衝突的組合，讓我永生難忘。

在山頂欣賞美景的同時，太陽也緩緩向西邊的地平線靠近。事不宜遲！立刻下一路追著夕陽，在沙丘上奔跑。

山，找尋那一片可以駐足欣賞落日餘暉的無人沙丘。

一路追著夕陽跑，每一個路口都在抉擇左轉或右轉，因為夕陽已經低到可以在起伏的沙丘間忽隱忽現！好不容易找到一條人煙罕至的小路，此時夕陽已經非常接近沙丘稜線，似乎很快就要消失在眼前龐大沙丘之後。我們立刻下車，三步併作兩步，大步向沙丘的另外一面奔跑。雖然說是「跑」，其實舉步維艱，腳會不斷陷進沙中。在上氣不接下氣的同時，風也不客氣地從沙丘表面颳起陣陣黃沙，在每一口呼吸之間，都能感受肺部充滿濃濃的沙。管不了這麼多！我們沒有停下腳步，依然向前跑。

沙丘變得愈來愈陡峭，陡峭到都要四肢並用才能勉強踏出下一步，發燙的沙子讓人不敢久觸，當下心中幾乎絕望，無法看見夕陽了！好不容易，終於跑到沙丘的分界稜線，此時早已灰頭土臉。

當我們從沙丘的陰影面跨到向陽面的那一刻，皇天不負苦心人，刺眼的金黃色光線傾瀉，瞬間讓人睜不開眼。說時遲，那時快，才剛適應強光，此情此景已經讓我們兩人興奮地放聲尖叫！

綿延的沙丘一望無際，曲線的變幻直向天際，那廣闊的古銅色沙漠在夕陽照耀下，充滿熱情，讓人瞬間擺脫剛才一路奔跑而來的艱辛！我們的影子，在沙丘上愈拉愈長，天邊色彩也愈來愈金黃。驚嘆聲中，我們揮別了夕陽，還沒抹去的，是我們灰頭土

沙漠荒山道路的高品質。

臉、對望大笑的咖啡古銅色臉龐。還有什麼比這更能代表「天涯共此時」的意境！

坐擁人煙罕至、一望無際的沙漠，直到身後月光取代天邊金黃，才捨得起身離開。此刻，鞋裡滿是黃沙，但是沉重的每一步，都因繽紛回憶而顯得輕盈。

感謝一切無所求，卻讓回憶裝滿行囊。「音樂無國界，天涯共此時」，屬於我的阿拉伯故事，因為沙漠而留下一段美麗篇章。

Take Q there!

沙漠中的友情。

夕陽逐漸西斜。

探尋一處人煙罕至的沙丘。

半夜在瑞典森林誤入永晝仙境

那是一個發生在瑞典永晝深夜的絕美夢境。

接近午夜，高緯度的北國，天色仍透著一絲微亮。這一夜，搭上從瑞典哥特堡前往首都斯德哥爾摩（Stockholm）的夜間巴士。

徹夜的巴士旅程，搖晃前進，置身瑞典森林中。半夢半醒間，彷彿墜入夢境，看見一次永生難忘的美景！

雖然，這段路程的緯度離北極圈還有些距離，但是此刻接近仲夏的深夜，仍能看見北方地平線，透著寶藍色夜光。深夜，突然醒來，巴士正開在一處大湖邊上。穹頂之上仍是一片漆黑，但是天邊那抹藍光，卻和湖水面相互輝映，在地平線拉出一道分界。公路旁的針葉林，隨著巴士前進而倏忽即逝，時

NIGHT BUS
SWEDEN
2014.06.01

而密集，時而三五成群，背後那片寶藍透著銀白的魔幻光彩，穿透在變化多端的樹林之間，形成了瑞典風情的剪影，構成了如夢似幻的仙境，成為了深印腦海的即景。

睡夢間的美好情景，當下的深刻感動，不把握機會立刻記錄，往往隨著清醒而消散。當清晨抵達斯德哥爾摩，才剛下車，北國的太陽已經在我身後拉出一道長影說早安。

當下，我找的不是下一站的方向，而是一個可以作畫的角落，盡可能地在線條與色彩之間，讓我能永遠回味深夜遇見的絕美。

芬蘭火車意外

與芬蘭士兵一起擠接駁車。

旅程中，有機會碰到沒有大礙的意外，既毫髮無傷，又多了一個精采故事，多麼幸運！

從芬蘭中部結束旅程，搭上回赫爾辛基的火車。已經心滿意足的我，靜靜地坐在火車上，欣賞沿途森林、湖泊美景。

沒想到，才剛過完一座大橋，列車卻被路途上突然其來的一個東西碰觸，發出巨大碰撞聲響。在前不著村，後不著店的森林裡，只見列車緩緩停下，工作人員在軌道上來回穿梭。而車上的乘客，對於發生什麼事，完全一頭霧水。

被困在森林中的列車，經過一個多小時的等待，本以為可以開車，沒想到此時卻是廣播要大家拿起行李，往車頭方向前進。全是芬蘭語的廣播，讓我仍然不清楚發生什麼事情，只能跟著身邊的人慢慢前進。

只見車頭的工作人員幫大家接遞行李，一個個跳下鐵軌，往軌道的另一側前進。經歷此場景，我忽然興奮不已，因為我知道，絕對會有更有趣的事情發生！

沿著鐵軌慢慢走出森林，又等了好一會兒，終於來了幾輛接駁巴士，大夥才一起擠上車，交頭接耳地討論剛才的意外事件。我是車上唯一的亞洲人，擠在一群芬蘭士兵中間，感受著此刻特殊的經驗。

森林裡眾人紛紛跳下火車。

原來，列車行駛途中碰到電纜掉落，才會發生巨大聲響。芬蘭人說，這個情況只會在天寒地凍的冬天「偶爾」發生，而此刻是夏天竟發生這樣的事情，對所有人來說也都是第一次的體驗。

即使所有人的行程都被耽誤，但是芬蘭人非常樂觀，享受當下，當有人從手機看見已經有五家媒體在報導火車意外消息時，每個人都為自己成為新聞中的主角而開心歡呼！並且異口同聲，開心地告訴我：「Welcome to Finland !」。能跟著大家擠在車上一起歡呼，享受此刻的特殊氛圍，更能從欣賞鐵路風景轉變成從鄉間小路欣賞風景，多棒！

巴士終於開到可以正常行駛的火車站，可是接下來就要面對不斷延後發車時間的大誤點。此時，剛才一起擠巴士的兩位芬蘭女生希達（Heda）和阿妮娜（Anniina）剛好也同樣要回赫爾辛基。既然要漫長等待，他們就邀我一起喝啤酒等待開車，並且紀念此刻難得的時光。可不是嗎？多麼難得的經驗！如果不是因為火車意外，我怎麼會和一大群芬蘭士兵擠在巴士裡，又怎麼會在車站認識要一起回赫爾辛基的當地人，更不用說身處一個預期之外的城市享受啤酒。

終於，在誤點四個小時之後的清晨三點半，列車總算回到赫爾辛基。大家都睡得人仰馬翻，東倒西歪，才睡眼惺忪地走下火車，互道別離。那段特殊的緣分與情誼，就是我在火車剛發生意外時，內心所興奮期待的。

天色迷濛的清晨經過湖畔，看著那東邊天空露出的紅光，回想著不久前發生的美麗與驚奇。雖然疲憊，但卻彌足珍貴。也許就像芬蘭人今天教會我最棒的一個字，無論情況多糟，都要樂觀以對。「Hyvä」！

後記

雖然機會渺茫，但是我很想試試看，到底能不能退回火車大誤點的車票錢？

大雨使得赫爾辛基街頭出現壅塞，公車濺起的水花更是不斷濺溼街邊無奈的人群。走進火車站，更是慌亂，想必大家的行程都因為大雨被耽誤。對比昨天發生的火車意外插曲，更加覺得自己幸運，要是今天才前往芬蘭中部小鎮，想必是更加動彈不得。

千湖之國美景。

從丹麥開始，接著到瑞典，再到芬蘭，我對於火車站售票人員的工作態度，已經從無奈到習慣。雖然有抽號碼牌，但是三個服務櫃檯都只有一個開放售票，另外兩個的售票人員總是會「剛好」在做些別的事情，屢試不爽。每次排隊詢問票務的事情，彷彿未婚妻的漫長等待，只能看著售票人員坐在裡面不疾不徐的處理事情。

好不容易輪到我，說明了昨天誤點經過，也填寫完表格，他們說：「只要等待兩三個禮拜，就會知道結果了。」我苦笑了一番，但還是謝謝他們的幫忙。

國情的不同，果然做事風格大不同。這樣的嚴重誤點若是在台灣，早就一堆人擠在售票窗口前，氣急敗壞地嚷著要退票，甚至提出一堆額外賠償，怎麼可能「只要」等待兩三個禮拜，就可以知道「能否」退票？

雖然我自己覺得退票成功的機會渺茫，但就是想要試試看。畢竟多個「小確幸」對錙銖必較的背包客來說，無疑不是一種開心。

最後，事實證明，皇天不負苦心人，會吵的小孩有糖吃。一個半月後，當我人在法國，收到了來自芬蘭的消息。

雖然，他們會退我大約將近一千元台幣的費用，但是跨國銀行的轉帳手續費驚人，真正進到我戶頭的金額，只有台幣一百元不到，大部分的費用全給銀行賺走了。

不過，拿到多少錢本來就不是我最關心的，重點在於享受這段「爭取」的過程。若是加上誤點之後所發生的奇妙際遇，還有朋友間一輩子的情誼，這段回憶早已無價。

冰島婆婆探險家的人生哲理

在冰島一個人旅行，最方便的選擇就是跟著每天豐富的Day Tour行程，隨著緣分遇見一車夥伴，大家結伴同行一整天的旅程。

運氣好，會遇見講解功力與駕駛技巧一樣好的司機，讓冰島景色壯麗的感性，增添一份知性。運氣不好，你會遇見一位像是自言自語的司機，如念經一般，播送著讓人昏昏欲睡的無聊解說。如果你夠開朗，整車人雖然素未謀面，但是來自世界各國的遊客，都可以是一起參加探險的好夥伴。

透過這種方式，我認識到不少有故事的人，尤其是「冰島婆婆」。在充滿人生歷練的言談中，字字句句都深刻影響著此刻的我。

「冰島婆婆」來自祕魯（Peru），是位大約七十多歲的慈祥奶奶。遇見她，我的心情彷彿回到當時在東京背包旅館遇見的那位寫作老爺爺，以及在北京前門大街遇見的那位從遙遠西伯利亞鐵路歸來的老教授。我像個小辛巴達，津津有味的聽著老辛巴達說著一生傳奇的冒險故事。

「冰島婆婆」一路上都坐在我前面，但我們始終沒有交談，在那略顯蹣跚的步伐中，充滿熱情的眼神超越了年齡的藩籬。聽著她和司機間的對話，知道她去過非常多地方。直到後來我實在忍不住，好奇地問她：「婆婆是一個人旅行嗎？」她給我一個慈

祥微笑，娓娓道來，那段在她二十歲一個人環球旅行一整年的故事。更精采的，是在她接下來五十年，如何透過不同方式在工作和旅行之間，持續探索世界。

特別是她眼神發亮地跟我說著，幾年前因為一場馬來西亞的跨國演講，反而奇蹟似地讓她與幾位失聯三十幾年的朋友意外重逢，更讓我想要挖掘更多她一生充滿驚奇的故事。

下車前，「冰島婆婆」帶著同樣的慈祥微笑，緩緩起身，回頭告訴我說：「不要因為看過、到過，就停止探索，因為世界一直在變，你要永遠保持熱情與探索的心。」說完她便下車，行動緩慢地離開，消失在人群之間。

她回眸的簡單一句話，卻像是一顆生命力極強的種子，從此深植我心。

倫敦希斯洛機場田間公園的閒談

與Ravi的中餐晚宴。

很幸運的，剛抵達倫敦就碰到好人。難得找到的沙發客，是一位印度裔、馬來西亞長大、英國工作許久的中年人，名叫瑞夫（Ravi）。片面的背景資料始終讓我聯想到德國旅行時的「Crazy Stan」。還好瑞夫是一位有禮好客的人，讓我在英國的旅行，可以「放心」開始。

一直以來，欣賞電影中描述的英國田野場景，都讓人很想置身其中。沒想到跟著瑞夫，我竟然有機會放鬆在倫敦田野間，享受當地人的悠閒。

倫敦希斯洛機場附近，有一大片森林公園，過去是英國皇家園林的狩獵場，如今則作為希斯洛機場的緩衝平原。

聽著瑞夫跟我說著十五年來，他在這座大公園中的美好回憶。四季變化間的特殊風景，如數家珍。跟著他的腳步，透過他的視野，帶領我走進好多平常根本認為那不是「路」的奇妙境地。

瑞夫告訴我，他喜歡在冬天的大清早，頂著寒意，來公園採幾朵「神奇香菇」，再走到他的祕密基地，搭配啤酒欣賞麥浪美景，當成一天活力的開始。

對於他的「祕密基地」，我相當好奇！在他的帶領下，穿越在高度及腰的大麥田間。看他在田野間如魚得水、游刃有餘的行

小麥田間的速寫。

英倫風情的鄉間公園景色。

走，我在後面卻只能走得小心翼翼、步履蹣跚，更加讓我期待，到底前方是片什麼樣的風景？

終於，來到大麥田深處，有塊樹林下的小平地，剛好適合兩三人坐著把酒言歡，閒聊欣賞風景的空間。從「祕密基地」望向大麥田，金黃色的大麥隨風搖曳，掀起的麥浪一波接著一波，從未停歇；遠方深綠色綿延的樹林，在色彩上形成強烈對比；再加上朵朵白雲在藍天畫布之間各得其所，這番景色實在讓人心曠神怡。

麥田間搭配啤酒，聽瑞夫說著好多屬於「他和她」的英國故事。我也不斷從和他的對話之中，慢慢認識這位特別的沙發客主人。一個人會用什麼樣的態度對待身邊的人，跟他本身的信念有很大的關係。我特別喜歡瑞夫說的其中一句話：「Keep the fear to yourself, share the courage with others.」這句話，從他點著一根香菸，滿是煙霧的口中說出，在我心中得到非常大的共鳴。田野之間，用當地人的速度，感受午後時光，特別是聽著瑞夫說著他的英國故事，內心不斷地產生迴響。

擁擠的倫敦，快速得讓人必須加緊腳步；田野的倫敦，悠閒得讓人停下腳步。感覺自己又像是顆飽滿的電池，可以在繼續精力充沛地用心探索英國。

英倫風情的鄉間公園景色。

徜徉麥浪之間。

在倫敦的第一支冰淇淋

倫敦的第一支冰淇淋。

繁華絢麗都是表象，真切生活才是實際。這是最印象深刻的倫敦故事。

瑞夫（Ravi）的一位室友，叫做康斯坦丁（Constantine），來自東歐的羅馬尼亞（Romania）。這位中年大叔，對二戰歐洲史非常了解，總是滔滔不絕地講著，住在瑞夫家的這些天，聽他講了不少他的二戰故事。很遺憾的，他隔週就要回羅馬尼亞，為何這麼突然？和他在泰晤士河畔午後的漫步，意外得知來龍去脈。

幾年前，他自己經營公司，因為金融海嘯，擋不住時代洪流，在事業上重重跌了一跤。加上緊接而來的婚姻不順，讓他決定隻身前往英國，開始新生活。想像是美好的，但現實是殘酷的，即便英國有大量外來移民，但是對於非白領工作類型來說，同樣的工作內容，外來移民的工資是比正常薪水少很多的。康斯坦丁在英國生活了一個月，光是郊區一個小房間的租金就要超過台幣三萬，更不用說其他生活開銷，再加上年紀關係，求職到處碰壁。很遺憾的，錢花光了，不得不低頭，設下停損點，必須回到羅馬尼亞。

聽完康斯坦丁的故事，再換算他所說的生活成本，我知道那樣的生活絕對非常吃力。不過，康斯坦丁的一句話最讓我感動不已：「即使我現在處境不順利，但是我仍然開心滿足，因為快樂

由泰晤士河望向國會大笨鐘。

不只是物質享受，更重要的是來自內心。」

穿越泰晤士河，走過西敏寺，最後來到白金漢宮，一路上康斯坦丁跟我說了很多故事。我一側耳朵聽到的都是惆悵，但是我另一側耳朵聽到的都是周遭人群的歡笑。同一條通往白金漢宮的路徑，因為際遇而有了截然不同的心境。

他用身上剩餘的英鎊，堅持要請我吃冰淇淋，謝謝我聽他說這麼多事情。他的盛情難卻，讓我顯得尷尬。這是此趟旅行中的第一支冰淇淋，但是背後代表的深刻含意，我永遠不會忘記。

倫敦，令人著迷，豐富到讓人目不暇給。很慶幸自己的旅行，不只看到它的華麗外表。一個城市的偉大，在於它讓身處其中的每一個人，都能找到屬於自己的故事。與康斯坦丁的這一段散步，讓我有機會重新思考自我的價值觀，也讓我更加學會如何感謝與珍惜。

大英博物館的畫畫奇遇

與小賈西亞一起畫畫。

大英博物館，象徵當年日不落帝國的大時代縮影，有太多歷史故事可以和真實文物對照。我試著讓自己不帶成見，走進博物館參觀。

踏進成排柱列的宏偉希臘山牆大門，彷彿進入一道即將通往歷史世界的時光隧道。還來不及適應光線的反差，視覺已經被新擴建的曲面三角形玻璃屋頂給深深吸引。這就是大英博物館！川流不息的各國人群、大人小孩的團體講解、通透明亮的室內大廳，還有告示牌上五顏六色的不同文化展覽廳。

整個館藏內容瀏覽一番，我內心最大的疑問是，不知道希臘人和埃及人來到這裡參觀究竟是何感想？整座大英博物館最大區塊的常設展，都是有關古埃及文明、希臘重要藝術成就的陳列擺設。那些曾經是法老王的陪葬物，或是雅典衛城帕德嫩神廟（Parthenon）上的大理石雕刻，全部一字排開，展示在世人眼前。沒錯，內容與解說的確精彩詳盡，但是看著那一片片缺角的埃及石刻板，或是斷頭缺手的雅典大理石雕刻，只能說歷史的經過與變遷，真是既殘酷又現實。

我試著把心中看到帕德嫩神殿上大理石雕刻的心情描繪下來。那些本應該在神殿山牆上的裝飾雕刻，如今陳列在博物館內，不完整的痕跡，只能夠從片斷間拼湊出山牆的完整樣貌。我

大英博物館的玻璃穹頂。

將雕刻的「實」，用黑色線條呈現，利用紅色不連續的色彩，隱喻已經消失山牆的「虛」。向上竄升的紅色火焰，意味著戰亂帶來的紛擾；向下滴落的紅色血液，蘊涵著歷史從此分隔兩地的哀愁。

畫著畫著，發現旁邊一位西班牙小男生賈西亞（Gasia），目不轉睛的盯著我看。

我問他：「你也喜歡畫畫嗎？」他大力點點頭。我便請他坐在我身旁，撕下一張紙，分他一支筆，讓他隨意使用我的水彩。我們就在大英博物館內，一起畫畫。

我不時的微笑看著他，看他認真思索的天真表情，從不知為何的黑色線條，一直到用色鮮明的彩色筆觸，看他畫得盡興，連他媽媽要叫他離開都叫不動，我更是替他感到高興。沒想到和這位小朋友一起畫畫，竟然會變成我大英博物館最好的回憶。

他離開前，我送了他一張我自己手繪的明信片，寫下：「Keep drawing, never stop.」，收到這份禮物的他，臉上滿是驚喜和開心。同時我也告訴他，以後可以來台灣找我，我再帶他看更多不一樣的藝術品。他點頭，我微笑；也許，真的未來某一天，他會來吧？我很期待。得到這份突如其來的禮物，小賈西亞高興到不能自己，沒想到，他突然決定把他畫的「彩色樹」也送給我，作為交換。向來都是我送別人手繪明信片，這倒是第一次有人回贈我親手繪畫的作品，這是一份旅途中再難得不過的禮物！

他們一家人離開了，我持續畫著，沒想到後來賈西亞的爸爸又回來找我。這位爸爸說，他們住在西班牙畢爾包附近的小鎮，歡迎我去，也會招待我。聽到這樣讓人心動的邀約，心中的喜悅也溢於言表。不經意分享一支畫筆給一位小朋友，也許會因此讓我有機會體驗到更截然不同的生活。

問我在旅途中，畫畫代表的意義是什麼？記錄當下的感動，或許只是初衷，更重要的，是和這些不期而遇的故事，在最適當的時間相遇。

賈西亞與他的彩色樹。

大英博物館
2014.06.25

From

塞納河畔的他鄉遇故知

與基瑟斯的巴黎再相遇。

黃昏時刻，坐在塞納河畔，找了個挑選許久的漂亮角度，速寫亞歷山大三世大橋（Pont Alexandre III）。旅程中，已經有太多次因為畫畫而產生意料之外的邂逅，但是這一次，離奇到讓人頭皮發麻。

或許，是我選擇作畫的角度真的很美，三不五時在我前方拍照的遊客很多，但是多半來去匆匆，捨不得為河畔美景多一分停留。但是，一對西班牙情侶拍完照卻沒有離開，反而不斷交頭接耳的看著我。我不疑有他，繼續畫畫。過沒多久，西班牙男子走向我，他說：「兩三年前，你是不是有到過波羅地海的拉托維亞，去過里加？」我心中霎時大驚！旅程中類似的緣分我不是沒有經驗，但是這樣的際遇未曾有過。此時我雖愈看他愈面熟，但是心中仍不確定。緊接著，他像是記憶失而復得一般，突然叫出我的名字，我整個人嚇了一跳！而這時我的回憶也全部回來了！原來，他是我在二〇一二年的綠色流浪中，在里加參加城市導覽遇見的那一大批西班牙學生，包含光頭先生海克特（Hector）在內的其中一位朋友基瑟斯（Jesus）。

緣分要發生，擋也擋不住，不是嗎？基瑟斯昨天才和他女朋友到巴黎度假，而他們會來到塞納河散步也是臨時起意，沒想到此刻我們會在塞納河畔巧遇。基瑟斯說，要是我們彼此走在路

亞歷山大三世大橋速寫。

上，大概認不出來，但是他記憶中會畫畫的亞洲男生只有我一位，又因為看著一位亞洲男生坐在河畔旁畫畫，所以才抱著不妨一試的心情，與我相認。當下的氛圍，訝異到讓人說不出話來，旅行中與很多人的再相逢，都遠遠比不上這次來得意外與驚喜！

上天這樣安排絕對有他的道理。因為當我們如他鄉遇故知的小聊一番，才知道我之後要去的西班牙其中一個城市，就是他目前工作的地方。我和他們道別，也相約西班牙再見。

每一個人，其實都有一種與生俱來的特質，而那正是你與全世界人交朋友的最佳名片。隨手畫畫，或許只是我個人的記錄，送給旅途中的有緣人一張手繪明信片，也並不奢求什麼回報。但是往往簡單而真誠的互動，後續產生的漣漪就是如此不可限量。要是更多人都能

傾聽自己內心的聲音，找出自我特質，無所畏懼地表現它，絕對會有愈來愈多人得到屬於他們獨一無二的機會，在關鍵時刻派上用場。

望向塞納河，天空與水面泛著一片金黃，遠方聳立的艾菲爾鐵塔已然閃耀。同時，我心中為這趟久別重逢的相遇，道盡無限感謝。

法國人的慢慢等

城市之所以偉大，除了硬體建設之外，更重要的元素其實是人。待在巴黎，感覺尤其深刻。

巴黎聖馬丁運河（Canal Saint Martin）旁，有一間法式麵包店，幾乎是我每一天外出探索巴黎的第一站。裡面的各類麵包和甜派、鹹派，讓我始終吃不膩。同樣的價錢，在英國只能吃冰冷三明治，可是在巴黎卻能吃到現烤出爐，溫暖人心的麵包。

讓我感到溫暖與窩心的，不只是美味，其實是老闆娘的熱情與法國人的「慢」。

第三天之後，老闆娘已經記得我，所以每次我走進她店裡，她總是開心地跟我說聲「Bonjour」，每天光是聽到這一聲早安，就已經覺得一天精力充沛，而這也是我唯「二」會說的法文單字之一。

慢工出細活，的確有它的道理。法國人對於美食的堅持，從一間小麵包店都能看出來。在台灣，每當剛出爐的麵包上架，大家總是爭相夾取，但如果不是現吃，回去擺冰箱，是不是剛出爐的其實沒差。

在巴黎的麵包店，大家都在排隊等待，不過等待的不是剛上架的麵包，而是自己所選擇的麵包。老闆娘會為每一位客人再次現烤加熱，雖然為了一個麵包而等待的時間有一點長，但是絕對值得。

當麵包或鹹派從老闆娘手中接過，溫暖捧在手掌心上，還沒吃就能先感受一股來自心底的幸福，更不用說坐在公園樹蔭下，打開麵包的那一剎那，香氣撲鼻的嗅覺饗宴與熱氣飄散的觸覺刺激！在食物上，法國人真的很慢，但是扎扎實實地抓住我的胃、融化我的心。

在快慢之間，台灣與法國有著截然不同的生活態度。我們很快，快到只想重複，快到沒時間好好思考，快到有一天發現不知為何而忙？也許我們可以試著在生活之中，多給自己一點類似加熱麵包的時間，真實的感受生活，用感官體驗周遭發生的一切。或許，我們會不再那麼一股腦地衝向未來，反而會適時停下腳步，專注於「當下」。

用麵包帶給人溫暖的老闆娘。

巴塞隆納的兩年半不見

與Anna的兩年半不見。

某些人即便不出生在那座城市，但好像天生就屬於那座城市。這份與生俱來的「歸屬感」，讓我在巴塞隆納的旅行觸角，因此有了更廣泛的延伸。

安娜（Anna）是我二〇一二年在立陶宛（Lithuania）旅行，認識的白俄羅斯（Belarus）朋友，也是這趟旅行中，唯一一位在出發前就與我相約要在某座城市再見面的朋友。巴塞隆納彷彿天生就是一座屬於她的城市，對她來說，約在這裡見面，再適合不過。

有時候人與人之間的互動就是很微妙。與她兩年不見，可是再相見卻絲毫不感覺陌生，所有的話題就是可以一個接一個不停地聊。在安娜幾乎是個巴塞隆納通的情況下，她帶著我發現屬於「她的」巴塞隆納。

位在市郊西北邊，是一片丘陵山地，可以居高臨下，飽覽城市每一處角落，無論是方格布局的城市紋理，或是高聳搶眼的聖家堂，皆盡收眼底。

沿途，歷史感十足的山坡電車，與我們擦身而過，對於喜歡復古交通工具的我來說，能看到這些「古董」在街上跑，總是莫名興奮。費了一番功夫走上山頂，一切都是值得的。從這裡看見的巴塞隆納，前景有山、中景有城市、遠景有海洋，層次分明。

巴塞隆納港邊速寫。

隨著夕陽西下，我們逐漸走下山坡，穿越市區，往巴塞隆納綿延無盡的海岸線前進。

打從我在法國馬賽，看著地中海那片蔚藍海水，就一直有縱身一躍，跳進大海的衝動。對安娜來說，她在巴塞隆納的每一天，幾乎也都會來到這片海岸。盡量讓自己像個在地人，穿著一身輕便的短褲拖鞋，在人來人往之間，穿過一叢又一叢的棕櫚樹，走向港口旁的沙灘。

天空已成一抹金黃，海水仍是一片湛藍，在色彩對比明顯的海天一線間，我將自己的身體浸泡在地中海中，隨浪浮沉，完全放鬆。望向遠方寶藍色的海平線，回望身後金黃色的夕陽餘暉；當棕櫚樹成為剪影，隨風搖曳，在沙灘上幻化成婆娑樹影之際，我徜徉在大海的懷抱，悠遊享受著漂浮地中海的美好。

巴塞隆納的氛圍，感覺像是回家一般親切。夜晚大家都是短褲拖鞋的在大街、海岸邊走動，就連傳統市場的感覺，也和台灣有幾分相似。一盞盞宛如台灣夜市的黃色燈泡，生猛海鮮與多樣水果一應俱全，任君挑選，就是我們習以為常的生活模式。隨著安娜在地人般地穿梭，讓我融入得很快，完全沒有隔閡。

雖然說，巴塞隆納的夜市與台灣相比，顯得小巫見大巫，但是既然有地攤，就還是會上演「你追我跑」的戲碼，舉世皆然。街頭上擺地攤賣皮包的非洲人，練就一身好本領。他們邊叫賣，手上還緊拉著一條線，完全不放鬆，嘴巴在跟顧客介紹，眼睛卻隨時環顧四周，只要警察一出現，隨手一抽，包包就能瞬間拉成一袋，快速轉移陣地。這樣的街頭場景，既感覺熟悉，又仍然驚嘆技巧上的不同而顯得有趣。總之，巴塞隆納在這些生活細節上，讓我覺得親切。

跟著安娜認識巴塞隆納，有機會用不一樣的細膩角度觀察城市。這次別離，不知何時還能再見？但我仍然熱情邀請她有機會來台灣，換我當主人，感受屬於台灣的文化熱情。

山丘上的老爺電車。

頗有台灣味的傳統市集。

米蘭了無遺憾

米蘭大教堂。

或許是米蘭（Milan）號稱「時尚之都」的名氣太過響亮。老實說，米蘭舊城區的城市風貌，初來乍到，我並不喜歡，尤其米蘭大教堂（Duomo di Milano）前廣場，為數誇張的鴿子群與喧鬧遊客，煩躁得讓人卻步。

待在米蘭的最後一夜，我選擇再次回到米蘭大教堂，那座不如我想像的廣場。人群依舊喧囂，只是安靜了些；鴿子依舊搶食，只是慵懶了些。找個安靜位置坐下，凝望教堂吃披薩，靜靜享受我在米蘭「最後的晚餐」。

即便只是靜靜結束，都已了無遺憾。不過，已經習慣在旅途中不預設立場，讓所有可能性發生，往往最後都有出乎意料地戲劇性高潮。

忽然想起一位義大利朋友說過，教堂旁有一間餐廳，可以從樓頂露台，以平視角度欣賞教堂尖塔美景。我心想，何不一試？

走出電梯，才一踏出露台，逼近的米蘭大教堂彷彿伸手就能摸到塔尖，搭配暖色燈光投射，陰影格外立體，教堂也更顯華麗。隨意地點一份甜點，希望在視覺美景之外，再加入味覺享受，凝結這份完美片刻，讓感動時光烙印腦海。

醉翁之意不在酒。餐廳露台旁的氣氛絕佳，燈光昏暗到看不清甜點的細緻模樣，不過，無妨，至少眼前教堂明亮，此刻舌尖

米蘭大教堂的高聳塔尖。

幸福，足矣！

帶著滿足離開餐廳，準備走進地鐵站，但似乎饗宴還不打算結束。隨著「視覺」和「味覺」輪番上陣，沒想到「聽覺」的美好才是今晚壓軸！完全扭轉我對米蘭大教堂廣場的所有負面評價。

成排羅馬柱列拱廊，撐起華麗時裝櫥窗大街，街邊傳來一段隱約、微弱、動聽的音樂聲，餘音繞梁。與廣場邊其他店面的大音響相比，聲音顯得微不足道，但是隱約之間，卻十分扣人心弦。

順著樂聲，尋路向前，隨著音色逐漸清晰，每一個音符都讓人更加陶醉，那是我很喜歡的〈Canon in D〉。譜出動人樂曲的兩位街頭音樂家，早已被大批人潮圍繞，大夥兒沉浸在他們醉人的演奏聲中，聽得如癡如醉。捲髮瘦高青年的小提琴聲高昂，光頭襯衫大叔的單簧管悠揚，他倆有默契的和弦，撥弄眾人陶醉的心弦，每一首樂曲演奏完的掌聲，都是熱烈迴響。

我只是想試試看，因為我忘不了〈Canon in D〉旋律的感動。於是我走向前丟了個銅板，感謝他們讓我在米蘭聽見卡農旋律的美好，並順口說了一句想要再聽一次。沒想到，眼神示意之後，他們下一首樂曲真的再次演奏卡農！

鋪陳的前奏已經瞬間讓人著迷，激昂的主旋律再次激盪人心，眾人皆聽得如癡如醉，而我，更享受在那完美的瞬間。

雖然意猶未盡，但終於捨得離開，走向地鐵站，最後一次回眸望向米蘭大教堂，從此，這座城市在我心中將有代表它的樂曲。即便人潮依舊喧囂，都已成配角，不再重要，因為繚繞心中的旋律，足以讓我忽略身旁所有的嘈雜。

米蘭，用這樣的方式結束最後一夜，無憾！

街頭藝術家。

Take Q there!

SPINGERE
PUSH

國家圖書館出版品預行編目資料

設計師的美學流浪／楊天豪著.--初版.--台中市:
晨星,2016.10
304面 ;公分. --（自然生活家；027）

ISBN 978-986-443-171-7

719 105014673

自然生活家027

設計師的美學流浪—巡遊亞歐50座城市的五感美學

作者 楊天豪
主編 徐惠雅
校對 楊天豪、徐惠雅、張慈婷、洪瑞謙
美術編輯 林恒如
封面設計 許晉維

創辦人 陳銘民
發行所 晨星出版有限公司
台中市407工業區30路1號
TEL：04-23595820 FAX：04-23597123
E-mail：service@morningstar.com.tw
http：//www.morningstar.com.tw
行政院新聞局局版台業字第2500號
法律顧問 陳思成律師
初 版 西元2016年10月10日
郵政劃撥 22326758（晨星出版有限公司）
讀者專線 04-23595819#230
印刷 上好印刷股份有限公司

定價 450 元
ISBN 978-986-443-171-7
Published by Morning Star Publishing Inc.
Printed in Taiwan

◆讀者回函卡◆

以下資料或許太過繁瑣，但卻是我們了解您的唯一途徑，

誠摯期待能與您在下一本書中相逢，讓我們一起從閱讀中尋找樂趣吧！

姓名：＿＿＿＿＿＿＿＿＿　性別：□男　□女　生日：　／　／

教育程度：＿＿＿＿＿＿＿

職業：□學生　□教師　□內勤職員　□家庭主婦

□企業主管　□服務業　□製造業　□醫藥護理

□軍警　□資訊業　□銷售業務　□其他＿＿＿＿＿＿

E-mail：＿＿＿＿＿＿＿＿＿＿＿＿＿＿　聯絡電話：＿＿＿＿＿＿＿＿

聯絡地址：□□□＿＿＿＿＿＿＿＿＿＿＿＿＿＿＿＿＿＿＿＿＿

購買書名：設計師的美學流浪—巡遊亞歐50座城市的五感美學

・誘使您購買此書的原因？

□於＿＿＿＿書店尋找新知時　□看＿＿＿＿報時瞄到　□受海報或文案吸引

□翻閱＿＿＿＿雜誌時　□親朋好友拍胸脯保證　□＿＿＿＿電台DJ熱情推薦

□電子報的新書資訊看起來很有趣　□對晨星自然FB的分享有興趣　□瀏覽晨星網站時看到的

□其他編輯萬萬想不到的過程：＿＿＿＿＿＿＿＿＿＿＿＿＿＿＿＿

・本書中最吸引您的是哪一篇文章或哪一段話呢?＿＿＿＿＿＿＿＿＿＿＿＿

・對於本書的評分?（請填代號：1.很滿意　2.ok啦！　3.尚可　4.需改進）

□封面設計＿＿＿＿　□尺寸規格＿＿＿＿　□版面編排＿＿＿＿　□字體大小＿＿＿

□內容＿＿＿＿　□文／譯筆＿＿＿＿　□其他＿＿＿＿

・下列出版品中，哪個題材最能引起您的興趣呢?

台灣自然圖鑑：□植物 □哺乳類 □魚類 □鳥類 □蝴蝶 □昆蟲 □爬蟲類 □其他＿＿＿＿

飼養＆觀察：□植物 □哺乳類 □魚類 □鳥類 □蝴蝶 □昆蟲 □爬蟲類 □其他＿＿＿＿

台灣地圖：□自然 □昆蟲 □兩棲動物 □地形 □人文 □其他＿＿＿＿

自然公園：□自然文學 □環境關懷 □環境議題 □自然觀點 □人物傳記 □其他＿＿＿＿

生態館：□植物生態 □動物生態 □生態攝影 □地形景觀 □其他＿＿＿＿

台灣原住民文學：□史地 □傳記 □宗教祭典 □文化 □傳說 □音樂 □其他＿＿＿＿

自然生活家：□自然風DIY手作 □登山 □園藝 □觀星 □其他＿＿＿＿

・除上述系列外，您還希望編輯們規畫哪些和自然人文題材有關的書籍呢?＿＿＿＿＿＿

・您最常到哪個通路購買書籍呢? □博客來 □誠品書店 □金石堂 □其他

很高興您選擇了晨星出版社，陪伴您一同享受閱讀及學習的樂趣。只要您將此回函郵寄回本社，我們將不定期提供最新的出版及優惠訊息給您，謝謝！

若行有餘力，也請不吝賜教，好讓我們可以出版更多更好的書！

・其他意見：＿＿＿＿＿＿＿＿＿＿＿＿＿＿＿＿＿＿＿＿＿＿＿＿

晨星出版有限公司 編輯群，感謝您！